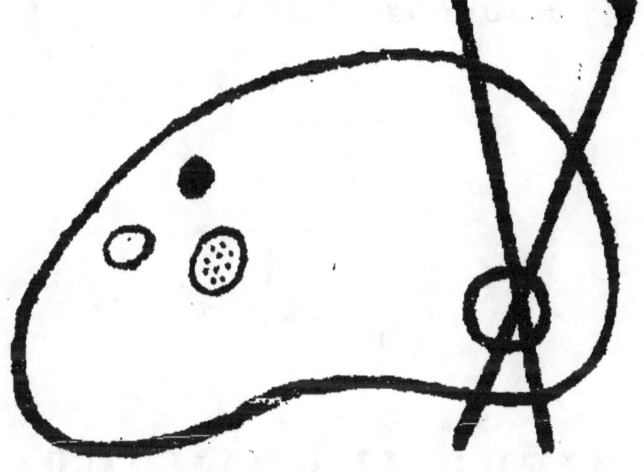

Fin d'une série de documents
en couleur

LOUIS GUIBERT

LES

PREMIERS IMPRIMEURS

DE LIMOGES

LIMOGES
Vve H. DUCOURTIEUX, LIBRAIRE
7, rue des Arènes, 7
—
1893

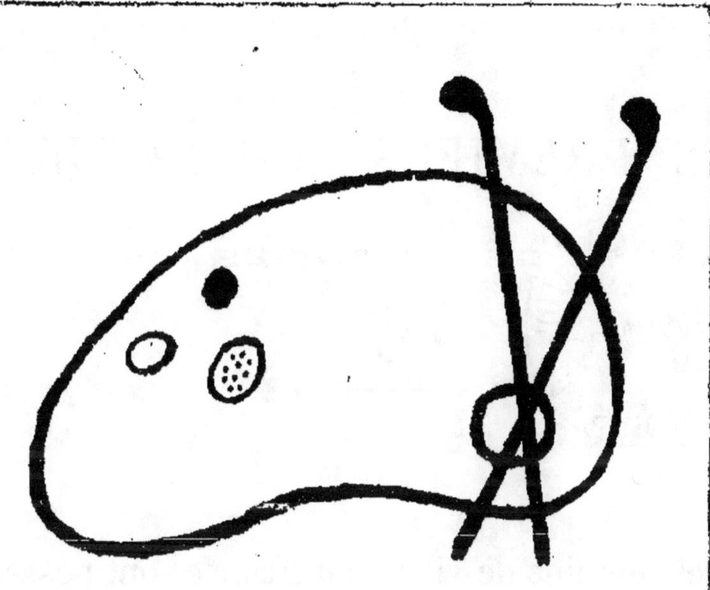

Fin d'une série de documents
en couleur

LES PREMIERS IMPRIMEURS

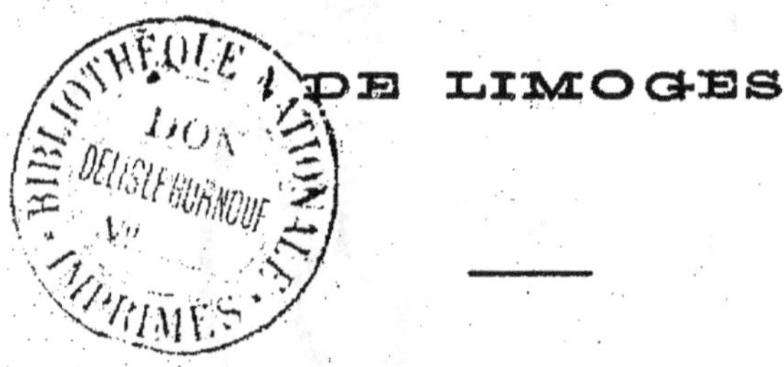

DE LIMOGES

———

Une trentaine de villes, en France, ont possédé des presses typographiques avant le seizième siècle. Limoges est de ce nombre, et on ne saurait lui contester l'honneur de figurer au catalogue des cités ayant donné asile aux premiers adeptes du nouvel art, puisqu'il existe des livres sortant de ses ateliers et portant la date de 1495 et celle de 1500. On connaît toutefois peu de documents sur la première période de l'histoire de la typographie dans notre ville. Des découvertes ultérieures jetteront peut-être la lumière sur cet intéressant sujet. Pour le moment, nous devons nous contenter d'ajouter quelques indications inédites, d'apporter quelques rectifications aux notes si substantielles et si précieuses que M. Poyet avait réunies et qu'il publia en 1862 sous le modeste titre d'*Essai de Bibliographie limousine* (1).

———

(1) Limoges, Chapoulaud frères, in-8º de 68 pages. Une consciencieuse étude de M. Paul Ducourtieux sur les *Manuscrits et imprimés à l'Exposition de Limoges de 1886 (Bulletin de la Société archéologique et historique du Limousin,* t. XXXV, p. 65, a complété sur certains points l'ouvrage de M. Poyet.

I

L'introduction de l'imprimerie paraît avoir été due, en maint pays, à l'initiative des évêques. Des premiers, ils surent apercevoir les immenses services que l'invention de Guttenberg pouvait rendre au public, au clergé en particulier, et ils recoururent à l'imprimerie pour multiplier les ouvrages liturgiques et pourvoir, dans des conditions très appréciables de bon marché relatif, toutes les églises de leur circonscription de livres présentant, avec la correction matérielle, une parfaite uniformité et toutes garanties d'orthodoxie, puisque l'édition était préparée, surveillée, revue par l'autorité diocésaine et finalement soumise à son approbation.

A Limoges, comme dans la plupart des autres villes, les premiers ouvrages sortis de la presse furent exécutés pour le compte de l'évêque et du Chapitre ; mais la tradition suivant laquelle nous devrions à Jean III de Barthon de Montbas (1) l'introduction de l'imprimerie dans la province, tradition consignée par l'abbé Legros dans plusieurs de ses manuscrits, appelle un commentaire ; car elle peut être entendue de deux façons. Il y a lieu de se demander en effet si le prélat a réellement appelé dans sa ville épiscopale un adepte du nouvel art, et s'il a facilité et patronné l'établissement de celui-ci a Limoges, ou bien s'il n'a été que le premier client de l'imprimerie dans son diocèse.

Le plus ancien des livres imprimés spécialement pour notre province qu'on ait signalés jusqu'à ce jour, est le *Missel* in-folio à l'usage de l'Eglise de Limoges, exécuté à Paris, en 1483, par Jean Du Pré, dont les presses devaient encore fournir, en 1500, un *Bréviaire* au diocèse. Ce *Missel* avait été préparé par les soins du frère de l'évêque Jean III, Pierre de Barthon, abbé du monastère de Saint-Augustin et, dit-on, vicaire général du prélat ; il fut imprimé sous la surveillance du principal et des étudiants du collège de Chanac (2). — C'est la

---

(1) L'Evêque Jean III siégea de 1457 à 1484.

(2) Plus tard le collège de Saint-Michel. Cet établissement avait été fondé en 1318 par un membre de la famille de Chanac, évêque de Paris, et enrichi par les libéralités d'un des frères du prélat, et plus tard par celles d'un de ses neveux, le cardinal de Mende.

seule impression effectuée pour le diocèse dont on puisse attribuer l'honneur à Jean III, qui résigna peu après en faveur de son neveu et fut remplacé par celui-ci sur le siège de Saint-Martial. Jean IV de Barthon de Montbas prit possession de l'Evêché de Limoges à la fin du mois d'avril 1484 (1). Si donc il est établi que Jean III recourut à l'art de l'imprimerie et que le premier il introduisit officiellement dans son diocèse les produits de cet art, il n'existe, par contre, aucune raison de croire qu'il ait appelé à Limoges des imprimeurs ni qu'il ait coopéré d'une façon quelconque à leur installation dans la capitale de la province.

Il faut admettre toutefois que, très peu de temps après la fin de son administration, les livres liturgiques n'étaient pas rares dans la contrée, puisqu'un mandement du successeur de ce même Jean III, daté du 2 mars 1486 vieux style (1487) cité par Legros, ordonne que toutes les églises de campagne soient pourvues de tous les livres nécessaires à la célébration des divers offices (2). Il n'est pas parlé à cette lettre, en termes explicites, d'ouvrages typographiés ; mais il est impossible de ne pas établir une corrélation entre la règle qu'elle formule et le fait de l'introduction toute récente des livres imprimés dans l'usage liturgique du diocèse.

Rien n'autorise à penser que Jean IV de Barthon de Montbas ait fait venir un imprimeur ou facilité l'établissement d'une imprimerie à Limoges. Ce qu'on sait des débuts de la typographie dans notre ville paraît être en opposition absolue avec cette hypothèse ; on ne doit jamais perdre de vue, quand on traite un point d'histoire concernant Limoges, que, jusqu'à 1791, elle a formé deux groupes de population distincts, ayant chacun sa vie propre, ses institutions spéciales, son enceinte, sa juridiction et son seigneur. Si l'évêque avait pris l'initiative de l'installation d'une imprimerie ou s'il se fût constitué le patron, le protecteur du nouvel atelier, n'eût-il pas de toute

---

(1) Et non 1486, comme on l'indique en général. V. l'abbé Legros : *Mémoires sur les Evêques de Limoges.*

(2) Des mandements et des ordonnances avaient déjà été rendus par les prédécesseurs de Jean IV, par Jean III lui-même, dans le même but ; mais les lettres en question sont plus explicites et plus catégoriques.

évidence souhaité, exigé même que celui-ci fût établi dans sa ville épiscopale, dans la Cité ? Eût-il consenti à ce que l'artisan installât ses presses dans une agglomération voisine, relevant d'une autre mouvance que de la sienne, rivale heureuse de la résidence épiscopale et dont la guerre, quelques troubles, une épidémie, moins que cela : l'accident le plus insignifiant, la plus légère alerte pouvaient faire fermer les portes et interdire l'accès pendant des semaines entières ? Or, aucun des chefs des trois familles qui ont introduit l'imprimerie à Limoges n'a eu son atelier ni son habitation dans la Cité. Il y a là une particularité très significative et qu'en raison de l'absence de documents de nature à éclairer le fait même de l'établisse_ ment des premières presses dans notre ville, on doit soigneusement retenir.

II

Treize ans seulement après la publication du *Missel* de Jean Du Pré, on trouve enfin un ouvrage imprimé dans notre ville. Ce premier monument de la typographie limousine est le *Bréviaire* à l'usage du diocèse, dont l'unique exemplaire connu aujourd'hui a été acquis par la Bibliothèque nationale et est inscrit à son catalogue sous le numéro 2854 des vélins (nouvelles acquisitions). Il était auparavant conservé à la Bibliothèque royale de Copenhague et avait appartenu au comte de Thott. Ce volume sort des presses de Jean Berton, originaire de Tours, s'il faut en croire l'abbé Legros (1), et porte la date du 21 janvier 1495. Cette date a été reproduite sans observation par les bibliographes et les auteurs de catalogues qui ont omis de la ramener au style actuel. Or, que l'imprimeur comptât à la française, *more gallico*, et commençât l'année soit à Pâques soit peu après Pâques, ou qu'il se conformât aux usages ecclésiastiques du diocèse de Limoges, où la date changeait au 25 mars, ce n'est pas en réalité à l'an 1495, c'est à 1496 seulement que remonte le premier spécimen connu de nos produits

---

(1) Cette origine est attribuée à Jean Berton dans une lettre dont on s'accorde à reconnaître Legros comme l'auteur, et qui fut publiée dans le *Journal de la Haute-Vienne*, année 1808, n° 19 (du six mai). Legros se réfère à « une chronique manuscrite » et à « un terrier de l'église de Saint-Pierre de 1540. »

typographiques. Cette rectification n'est pas sans importance, puisqu'elle recule d'une année la date de l'inscription de Limoges sur la liste des villes ayant possédé une imprimerie dès la première période de l'histoire de l'art typographique. Notons que Périgueux a des presses en 1498, Angoulême en 1491, Poitiers, ville d'université, dès 1479.

Aucun des ouvrages exécutés par Jean Berton ne donne l'indication précise de son domicile ; mais la souscription du *Bréviaire* atteste que, dès le 21 janvier 1496, son atelier se trouve dans le Château de Limoges. Elle nous apprend aussi que l'établissement est placé soit sous l'enseigne de Notre-Dame, soit à proximité d'une image de la Sainte Vierge (1). Le latin prête à ces deux interprétations.

Un livre imprimé quatre ans plus tard par le même typographe (un *Missel* à l'usage du diocèse de Limoges), et décrit par Brunet, et portant la date du 21 août 1500, offre les mêmes indications (2). Nous reviendrons là-dessus aux pages suivantes.

Cinq ans s'écoulent sans que nous puissions découvrir une nouvelle mention de notre imprimeur. Le 28 mars 1504, nous constatons qu'il possède dans la rue Fourie, alors une des plus commerçantes de la ville, une maison d'une certaine importance, très vraisemblablement le berceau de l'imprimerie limousine, car la modeste situation des premiers disciples de Guttenberg établis parmi nous ne permet guère de supposer que Jean Berton se trouvât à la tête de plusieurs immeubles, et rien, d'autre part, ne peut donner lieu à penser qu'à cette époque notre imprimeur eût déjà occupé d'autres domiciles. A défaut de tout document précis, l'identité de la seule indication d'adresse fournie par les ouvrages sortis de ses presses en 1496 et 1500 paraît de nature à confirmer cette opinion.

L'emplacement de la maison de Berton est indiqué d'une façon assez précise par divers textes des archives du département de la Haute-Vienne et de celles de l'hôpital de Limoges.

---

(1) *Impressum in Castro Lemovicensi, apud imaginem intemerate gloriosissimeque Virginis Marie, per Johannem Berton.* — L'exemplaire de la Bibliothèque nationale a appartenu au couvent des Recollets de Sainte-Valérie de Limoges.

(2) *Apud ymaginens Virginis Mariæ.* Brunet, tome III, col. 1763.

L'immeuble « est contigu d'une part à la maison de François Béchameil, notaire, de l'autre à celle de Pierre Ardit, orfèvre, et par derrière aux murs du cimetière de Saint-Martial » ; il se trouve placé « à main gauche en allant de la rue des Taules au marché du Gras (La Poissonnerie), » établi au-devant de l'église Saint-Pierre : c'est aujourd'hui le côté des numéros pairs. Aux deux plus anciennes de ces mentions, Jean Berton est appelé *Barton* et qualifié de libraire.

Il n'est pas sans intérêt de reproduire le texte même des passages concernant Jean Berton et sa maison de la rue Fourie. Les voici :

… Le 28 mars 1504, François Béchameil, notaire, reconnoist tenir une maison de pierre, avec une exide (issue, sortie) par derrière, qui fut des Chambinaux, apres de Louis Benoist, scituée en la rue Fourie, entre la maison de Mercin *(sic)* Despine d'une part, *la maison de Jean Berton, libraire,* qui fut de Martial et Leonard Dubois, freres, heritiers de Catherine Rogiere, veufve de Martial Dubois, par derriere, — au devoir de 40 s., au pistancier de Saint-Martial. *Signé* Bagnolli et Montaudon. Grand Terrier de la Pistancerie, fol. 106, ancien répertoire f. 100, Pistancerie. (*Répertoire général de Saint-Martial*, tome I, p. 277 (1).

Le 16 avril 1504, *Jean Barton, libraire,* reconnoist tenir, en la fondalité dud. Pistancier, *une maison* qui fut de Jean Texier, curé de Peysac, avec une exide par derriere, *scituée rue Fourie,* entre la maison de François Bechameil, notaire, qui fut de Chambinaud, d'une part ; la maison de Pierre Ardit, orfeuvre, d'autre, et les murs du cimetière de Saint-Martial ; une petite ruette entre deux, par derriere, d'autre, et ladite rue par devant, — au cens de 2 s. 6 d., et 15 s. de rente. Signé par collation : Potiot et Noalhier. Y a même recognoissance au Grand Terrier de la Pistancerie, fol. 163. Ancien répertoire, f. 100, (*Ibid.* p. 274).

C'est donc, vraisemblablement, dans une maison de la rue Fourie, placée du côté nord-est, qu'ont été imprimés le *Bréviaire* de 1496 et le *Missel* de 1500.

---

(1) Nous devons faire remarquer que ces textes ne sont que le résumé écrit au 18ᵉ siècle, par l'archiviste de l'abbé et du Chapitre de Saint-Martial, des actes originaux, que nous retrouvons au Grand Terrier de la Pitancerie : — fol. 162 v° et 163 r°, *Johannes Barthon, librarius Castri Lemovicensis…* fol. 106 r°, *domum Johannis Barthonis, librarii…* A un acte de 1504, inséré dans un des registres provenant du monastère de Saint-Martial, maître Jean Barton, *magister Johannes Barthonis, librarius,* figure comme témoin.

Au haut de cette rue, au carrefour qu'elle forme avec celles des Taules, du Consulat et Poulaillère, on voyait à cette époque une statue de Notre-Dame — l'ancienne Vierge de la Porte Poulaillère — dont nous avons noté des mentions dans un grand nombre d'actes du quinzième et du seizième siècles. L'encoignure du carrefour où était placée cette statue se trouve même désignée en 1504, précisément à un terrier de l'abbaye de Saint-Martial, sous la dénomination significative de *Coin de l'Image* (1). En 1552, un autre terrier mentionne une maison sise dans la rue de la Porte Poulaillère « devant l'imagene » (2). Cette *imagene* pourrait fort bien être « l'image de l'immaculée et très glorieuse Vierge Marie » à proximité de laquelle se trouvait l'imprimerie de Berton, et que mentionnent expressément ses éditions de 1496 et 1500.

A la date de 1505 (20 juin), Jean Berton publie un second Missel à l'usage de Limoges. Celui-ci ne fait plus mention de l'image de la Vierge. Il est dit, à la souscription, que l'imprimeur habite près l'église de Saint-Pierre du Queyroix (3).

La rue Fourie débouche en face de cette église ; il est donc fort possible que Jean Berton n'ait pas changé de demeure et que la formule destinée à indiquer son adresse se soit seule modifiée. Toutefois, il nous semble difficile d'admettre que l'adoption de cette nouvelle formule ne corresponde pas à un transfert réel soit du domicile de l'imprimeur, soit plutôt, de ses presses, dans un nouveau local. Nous n'en avons aucune preuve : les documents de nos archives ne nous ayant jusqu'ici rien révélé à cet égard. Tout ce qui semble résulter de nos terriers et de nos lièves, c'est que la maison de la rue Fourie mentionnée aux registres de Saint-Martial dont on vient de lire les extraits, est restée la propriété de Jean Berton.

On ne connaît pas, de celui-ci, d'ouvrage imprimé après 1505. L'abbé Legros signale un passage d'un terrier des prêtres Communalistes de Saint-Pierre, fol. 363 r°, d'où il résulte que le premier des imprimeurs Limousins est vivant à la date du

---

(1) *Queyria vocata l'Eymagene* (Terrier *Baignolli*, fonds de Saint-Martial aux archives de la Haute-Vienne).
(2) Terrier Malherbaud, même fonds.
(3) *Commorantem prope Sanctum Petrum de Quadrivio.*

23 octobre 1510. Nous n'avons pu retrouver ce terrier. Mais à un acte du 1 décembre 1523, que nous a fourni la bibliothèque du séminaire de Limoges et dont nous reproduisons plus loin le texte, un « Jean Berton, libraire, » figure comme témoin. Tout porte à croire qu'il s'agit ici de l'éditeur du Bréviaire de 1496. Nous n'avons trouvé aucune mention postérieure ni de ce personnage ni d'aucun autre Jean Berton.

Il y a lieu de penser que le premier de nos imprimeurs mourut avant le 4 février 1530. Il résulte, en effet, d'un passage du répertoire général de Saint-Martial auquel nous avons emprunté plus haut deux extraits, qu'à cette date (1529 vieux style), la maison de la rue Fourie sur laquelle était assise la rente jadis payée par Jean Berton, appartenait à « Pauly Berton, libraire » :

Le 4 fevrier 1529, subhastation (vente judiciaire) de la *maison qui fut de Pierre Ardit*, orfeuvre, apres de Helies Bonnot, libraire, et Mathive Ardit, sa femme, a present de Leonnard Barny, advocat, *scituée en la rue Fourie*, tenant a la maison des héritiers de Pierre Mercier, d'une part; *a la maison de Pauly Barton, libraire*, d'autre; la rue publique par devant, d'autre; et a la place de Saint-Martial appelée le Porche ou Basse Cour, estant au derriere de la chapelle de la Courtine : une petite vanelle ou ruette entre deux, d'autre; ladite maison adjugée a Albert de Grandchaud, etc. Ancien répertoire, lettre Q., fol. 18. (*Répertoire général*, t. I, p. 274.)

Dix-neuf ans plus tard, à la date du 14 février 1549 (1548 v. st.), le même Paul Berton la possédait encore :

Le 14 feuvrier 1548, Andre Barnon, marchand, reconnoist tenir en la fondalité du Pistancier, *une maison en la rue Fourie, confrontant entre la maison de M° Leonnard Barny*, juge de Limoges, d'une part, et *la maison de Paul Berthon, libraire*, d'autre, au cens de 10ˢ. (*Répertoire général*, p. 277.)

A la date du 22 février 1553 v. st. (1554), la maison de la rue Fourie n'appartient plus aux Berton. C'est du moins ce qui semble résulter de l'extrait suivant :

Le 22 feuvrier 1553, ratification par Leonard Barny, juge de Limoges, du delaissement par luy fait a Cristoffle Tarneau d'*une maison scituée en la rue Fourie, confrontant entre la maison de Martial Dengresas*, d'une part; autre maison qui a esté cy devant aud. Barny; la rue publique de Fourie par devant et *la maison de Paul Barthon, a present de M° Jean Bechameil, par le derriere,* d'autre; la chapelle de la Courtine et la maison dudit Dangrosas aussi par le derrière, etc. (*Répertoire général*, p. 276.)

Il faut croire toutefois que la maison n'était pas définitivement sortie des mains de la famille. Peut-être avait-elle été seulement affermée à Jean Béchameil, à la charge par le preneur de payer les cens et rentes dus à Saint-Martial. Un acte qu'on trouvera plus loin établit en effet avec toute certitude que les Berton n'étaient pas dépossédés à la date du 16 février 1559. Mais cinq ans plus tard l'immeuble ne leur appartenait plus. C'est ce que nous apprend notre Répertoire :

Le 15 septembre 1564, François Albin, procureur, reconnoist tenir en la fondalité dud. Pistancier, *une maison scituée rue Fourie*, entre la maison de François et Jean Bechameil, freres et advocats, d'une part; la maison d'André Ranard (*sic*) dit Barnon, marchand, d'autre; la maison dud. Bechameil, par le derriere, d'autre, et lad. rue par le devant : *icelle maison par luy acquise de Barthelemy, François et Leonnarde Barton*, au cens de 2ˢ 6ᵈ. Signé : Gadaud. Ancien répᵣᵒ fol. 100. (*Répertoire général*, tome I, p. 274. — Pour 278, erreur de foliotage).

Il faut, à propos de ces textes, relever une erreur évidente, commise par l'abbé Legros, sans doute d'après Nadaud. Jean Berton aurait, s'il faut l'en croire, porté le surnom de *Pruely*, *Procly* ou *Poucly*. Dans aucune des mentions contemporaines que nous connaissions du premier de nos imprimeurs, il n'est ainsi dénommé. L'indication fournie par Legros est sans nul doute le résultat d'une confusion. Il aura pris le nom de Pauly, plusieurs fois rencontré par lui dans les actes, pour un surnom qu'il a mal lu du reste et qu'il a attribué à Jean. Mais autre est Jean, autre est Paul ou Pauly. On le verra plus loin. Tous nos bibliographes du reste ont distingué ces deux imprimeurs, mais en reproduisant le plus souvent le renseignement erroné consigné dans ses intéressantes notes par le bibliographe limousin le plus éclairé du dernier siècle.

III

Quatre membres de la famille Berton ont été signalés comme ayant exercé, dans notre ville, la profession de typographe : Jean, Paul, Martin et Barthélemy. Pour le premier et pour le second, le fait n'a jamais été l'objet d'un doute. Du quatrième, on ne possède aucun ouvrage ; mais une mention catégorique, fournie par un document inédit que nous donnons plus loin, justifie son inscription sur la liste de nos imprimeurs. En ce qui touche le troisième, nous avouons avoir, jusqu'à ces derniers jours, douté même de son existence. Nous ne connaissions en effet Martin Berton que par quelques lignes de Legros (1), et aucun bibliographe, croyons-nous, n'avait pu étudier son unique ouvrage, dont M. Poyet avait parlé d'après les renseignements donnés par le savant ecclésiastique. Aussi étions-nous assez porté à penser que ce Martin ne devait la vie qu'à quelque bévue de nos érudits du dernier siècle.

Il faut aujourd'hui convenir que nous étions dans l'erreur. L'exactitude des indications de l'abbé Legros (2) vient en effet d'être confirmée de la façon la plus complète. Un de nos confrères de la Société archéologique et historique de Limoges, M. Fray-Fournier, a bien voulu nous communiquer quelques feuillets d'un ouvrage liturgique découverts par lui dans la reliure d'un vieux livre de la bibliothèque communale de Limoges. Ces fragments appartiennent à un petit Bréviaire gothique in 8° à deux colonnes à l'usage de l'abbaye de Saint-Martial, déjà signalé par Nadaud et Legros, mais dont on ne connaissait pas d'exemplaire. Par la plus heureuse aventure, un des feuillets ainsi retrouvés porte les lignes suivantes :

... Finit Breviarium celebris monasterii Sancti Marcialis, antea minime impressum. Impensis predicti monasterii, per Claudium Garnier et Martinum Berton, socios, in arte impressoria non minime expertos, commorantes juxta jamdictum monasterium. Anno Domini M.CCCCC.XX. prima die septembris.

L'ouvrage, qui est remarquablement imprimé, atteste donc et l'existence de Martin Berton — qui n'est nommé, à notre connaissance, dans aucun document de nos archives, — son exercice à Limoges, et le fait de son association avec Garnier, qu'aucune pièce ne mentionne avant cette époque.

Martin Berton est-il un frère de Jean ? Est-il son fils ? Nous

---

(1) Legros : Lettre au rédacteur du *Journal de la Haute-Vienne*. Année 1808, n° 19, p. 215.

(2) *Journal de la Haute-Vienne*, année 1808, n° 19, p. 215.

ne saurions le dire. Il semble que l'établissement du premier de nos typographes ait passé à Paul et non à Martin. Ce dernier, en effet, est installé avec son associé, auprès de la basilique de Saint-Martial, *juxta monasterium*. Le local où se sont établis les deux typographes est évidemment celui où Garnier, un peu plus tard, continuera seul à travailler et qu'il occupera jusqu'au transfert de ses presses dans le quartier avoisinant Saint-Michel.

L'association révélée par le Bréviaire de Saint-Martial, de toute évidence très récemment formée à la date de 1520, ne devait pas subsister longtemps. Deux ans plus tard, en effet, Garnier seul publie et signe les *Coustumes du Poictou*. En 1523, dans un traité relatif à plusieurs ouvrages imprimés pour l'usage du diocèse d'Angoulême et sur lequel nous reviendrons un peu plus loin, il est parlé du seul Garnier. Le nom de Martin Berton n'apparaît plus nulle part.

Le successeur de Jean Berton paraît avoir été Paul, très vraisemblablement son fils. Le catalogue de la bibliothèque d'Auguste Bosvieux (1), vendue dans les derniers jours de décembre 1887, nous révèle le premier qui ait été signalé jusqu'à ce jour, des ouvrages sortis des presses de cet imprimeur. Il est intitulé : *Augustini Dathi Senensis opusculum in Elegantiarum preceptis*, porte la date du 18 mai 1518, et il appert de son frontispice et de sa souscription que l'atelier est établi non seulement dans le quartier de Saint-Pierre du Queyroix, mais tout auprès de la place ou sur la place même (2). Un volume imprimé par Jean Berton en 1505 porte, on l'a vu, la même indication ou du moins une indication analogue. Il semble résulter de là que Paul a bien été, comme nous le disions plus haut, le successeur de notre premier typographe, et que les mêmes presses ont imprimé le Missel de 1505 et l'*Opuscule* de 1518. Du même établissement sont sortis, suivant toute probabilité, les statuts synodaux de Philippe de Montmorency, évêque de Limoges (1510), qui ne portent pas de nom d'imprimeur : tout au moins, cette mention fait-elle défaut sur le seul

---

(1) Paris, Claudin, 1887, n° 402.
(2) *In domo Pauli Berton, e regione divi Petri... in officina Pauli Berton, apud Quadruvium Sancti Petri moram habentis.*

exemplaire que nous connaissions de ce livret, celui que possèdent les Archives du département de la Haute-Vienne.

Si nous ne pouvons préciser le lien de parenté qui unissait Paul à Jean Berton, nous ne saurions douter de l'existence même de ce lien. Paul, en effet, devint, après notre premier typographe, propriétaire de la maison de la rue Fourie (1). Il y a quelques raisons de penser, nous l'avons déjà dit, que cette maison ne doit pas être identifiée avec l'établissement placé près de Saint-Pierre. Il résulte d'une façon très claire, des confrontations de cette maison fournies par les divers passages des répertoires de Saint-Martial reproduits plus haut, non-seulement qu'elle n'avait pas de façade sur la place Saint-Pierre, mais qu'elle en était séparée par plusieurs autres maisons, et distante de 25 ou 30 mètres au moins : de beaucoup plus, si la statue de la Vierge placée à l'autre extrémité de la rue était bien, comme on pourrait le supposer, l'*image* à laquelle font allusion les deux premiers livres sortis des presses de Jean.

Quoiqu'il en soit, le second des Berton ne paraît pas avoir travaillé longtemps dans le local désigné à l'ouvrage de 1518; peut-être la concurrence de Martin Berton et de Claude Garnier, s'ajoutant à celle qu'avait faite déjà à Jean Richard de la Nouaille, installé comme lui dans le Château, le décida-t-elle à transférer son domicile et son matériel dans la ville du bord de l'eau, dans la vieille cité épiscopale.

Cet atelier de la Cité, dont nous n'avons pas trouvé trace à l'époque de l'avènement de l'art typographique à Limoges, nous constatons enfin avec certitude son existence. Legros en avait sans doute rencontré quelque mention précise; car certains des renseignements consignés dans les manuscrits du laborieux chercheur semblent s'y rapporter. Mais vingt-sept ans au moins se sont écoulés depuis l'installation d'une presse typographique à Limoges et trois ateliers d'imprimerie ont fonctionné dans la ville du Château, avant que nous trouvions une preuve de l'établissement d'un imprimeur dans la Cité.

Cette preuve nous est fournie par la souscription d'un Bréviaire à l'usage du diocèse de Bourges, imprimé par Paul

---

(1) Voir les extraits des répertoires de Saint-Martial cités plus haut.

Berton aux frais de quatre libraires (1), portant la date du 2 mars 1522 vieux style (1523) et dit « imprimé dans la Cité de Limoges. »

On a vu que la maison tenue en 1504 du monastère de Saint-Martial par Jean Berton, appartenait à Paul à la date du 4 février 1530, peut-être depuis plusieurs années. Il y a tout lieu de croire qu'il s'y établit à titre définitif, soit après la mort de Jean, soit après la rupture de l'association de Martin Berton avec Claude Garnier. Ce qu'il y a de certain, c'est que la Cité ne posséda pas longtemps une imprimerie. Le *Bréviaire* de Bourges de 1522 est le seul ouvrage connu qui mentionne l'existence de cet atelier : or, Paul n'avait pas encore installé ses presses dans la Cité au 18 mai 1518 et nous le soupçonnons d'avoir déjà quitté la ville épiscopale en 1529. Le *Psautier* de Grandmont qu'il publie le 5 août de ladite année, est dit imprimé « à Limoges, dans la maison de Paul Berton. » L'indication est sans doute peu catégorique ; il nous semble toutefois que la formule ne peut guère s'appliquer à la Cité. La simple dénomination de « Limoges » se rapporte exclusivement, dans le langage usuel, à la ville du Château, et l'expression « la maison de Paul Berton » est employée dans huit ou dix documents de l'époque pour désigner l'immeuble de la rue Fourie (2).

Quelques années plus tard, les souscriptions des volumes imprimés par notre typographe ne laissent plus aucun doute. Le *Missel* à l'usage de Limoges, publié en 1538, se vend « dans la maison de Paul Berton, rue Fourie » (3). En 1533, Paul Berton avait été élu conseiller de ville et répartiteur des tailles pour le canton de Fourie (4). C'est à cette occasion que le nom de nos premiers imprimeurs se trouve pour la première fois écrit dans nos registres consulaires.

_____

(1) *Breviarium Bituricensis ecclesiæ... impressum in Lemovicæ civitate*. (Bibl. nationale et Brunet, t. I, col. 1230, et III, col. 1762.

(2) *Impressum Lemovicis, in domo Pauli Berton.*

(3) *Venale habetur Lemovicis, in ædibus Pauli Berton, in vico Forie.*

(4) Registres consulaires de la ville de Limoges, t. I, p. 231. Paul Berton fut de nouveau élu collecteur en 1540.

IV

Il résulte d'un passage des registres du parlement de Bordeaux, cité par M. Desmaze dans son livre intitulé *Curiosités des anciennes justices* et rappelé dans la *Revue critique* (tome VIII, p. 469) par M. Em. Picot, que Paul Berton aurait embrassé la Réforme et se serait vu condamné à l'amende pour avoir vendu, peut-être même imprimé des ouvrages peu orthodoxes. L'arrêt en question, copié sur les registres mêmes de la Cour par M. Fray Fournier, et daté du 14 avril 1551, avant Pâques, ne porte pas, contrairement à ce qu'on a prétendu, que l'imprimeur sera banni de la ville de Limoges ni qu'il subira préalablement la peine du fouet. C'est son complice, un libraire, peut-être un colporteur, du nom d'Advisé, que les juges condamnent au fouet. Nos archives limousines n'ont conservé aucune trace de ces faits. Néanmoins, tout établit qu'en effet un événement porta, vers cette époque, le trouble dans les affaires comme dans l'existence de l'imprimeur. Nous avons vu plus haut qu'à la date du 22 février 1554, la maison de la rue Fourie semble ne plus appartenir aux Berton, tout au moins être occupée par d'autres. D'une sentence du juge du vicomte de Limoges (1) datée du 16 février 1559 (1558 vieux style), que nous avons, il y a trois ou quatre mois, découverte dans une liasse du fonds des prêtres de Saint-Pierre du Queyroix, aux archives départementales de la Haute-Vienne, il ressort que la rente due à cette communauté d'ecclésiastiques sur l'immeuble de la rue Fourie ayant appartenu aux Berton, n'avait pas été payée pour l'année 1553. Toutefois, la pièce donne clairement à entendre que s'ils avaient loué, vendu ou subi une expropriation entre 1551 et 1554, Paul ou ses enfants étaient rentrés en possession de l'immeuble peu après ; car, au document en question, le fils de Paul Berton, Barthélemy, est qualifié de « tenancier, propriétaire et possesseur » de la maison dont il s'agit.

---

(1) Après l'arrêt du parlement de Paris du 7 septembre 1544, la justice de la ville du Château, qui, enlevée aux consuls en 1277, lui avait été rendue par le roi d'Angleterre le 5 décembre 1365, et qu'ils avaient depuis lors possédée presque sans interruption, fut remise au roi de Navarre, vicomte de Limoges.

La pièce est assez courte. Vu l'extrème rareté des actes fournissant des renseignements un peu précis sur nos premiers imprimeurs, nous croyons devoir en donner ci-après le texte :

Leonard Barny, licentie ez droictz, juge civil et criminel de la jurisdiction ordinaire de Limoges pour les Roy et Reyne de Navarre, seigneurs vicontes dudict Limoges, scavoir faisons que, comme messires les prebstres de la Communaulé de l'église parrochialle Monsieur Saint Pierre du Queyroy de la present ville de Limoges aye faict convenir par devant nous, en la present court, *Bartholome Barthon, m° imprimeur, habitant dudict Limoges*, a l'encontre duquel aye dict et propousé avoir droict et estre en possession de prendre, lever et percepvoir chacun an, *sur la maison dudict Barthon, que fust cy devant de feu Pauly Barthon, pere dudict Bartholomé, size et située en ceste ville de Limoges, en la rue appellée de la Fourie*, confrontant entre la maison des hoirs feu maistre Jehan Bechameil, d'une part, et la maison de André Barnom, d'aultre part, et ladicte rue de la Fourie par le devant, d'aultre part, la somme de quarante solz tourneix, chascun an, de rente, payable a chacune feste de la Nativité Nostre Seigneur, et luy estre deu les arreyrages des annees mil cinq cens cinquante troys(1), cinquante six et cinquante sept, qui est la somme de six livres tourn., et ce qu'est eschen despuys ; pour raison desquelz arreyrages, avoyt requis et conclut le dict scindic ad ce que le dict Barthon, deffendeur, tenencier, proprietaire et possesseur de la dicte maison, fust par vous condompné et contrainct en desistat, et qu'il heust a s'en desister et deppartir de la detencion et occupacion de la dicte maison, si myeulx il n'aymoit payer lesdictz arreyrages desdictes troys années, interestz (?), et continuer le poyement de la dicte rente chascun an au terme susdict, tant qu'il seroyt tenancier, proprietaire et possesseur de la dicte maison, avec despens, interestz et dommaiges, comme plus a plain est contenu par les escriptures dudict scindic a quoy respondu ledict Bartholomé deffendeur, aye (?) obtenu plusieurs delay. et tant que la cause seroyt este contestee, et bailhé escriptures de la part dudict scindic, demandeur, comme du tout appert par le discours dudict present proces, auquel (?) mondict rapporteur. Or est il, que aujourd'huy soubz escript, comparurent les parties en jugement par devant nous, scavoir est ledict scindic par Bouny, son procureur, *et ledict Bartholomé Barthon, deffendeur, en personne*, avec Roulhat, son procureur ; lesquelles comparutions faictes, comme ledict scindic requist que ledict Barthon, deffendeur, fust forcloz d'escriptures, et luy estre permys veriffier ses faictz, ledict Barthon en

---

(1) On peut induire de ce passage que la rente pour 1554, 1555 et 1556 avait été payée par les locataires de la maison.

personne a confessé ladicte rente estre deue sur ladicte maison dessus confrontée, ensemble lesdictz arreyrages requis par ledict scindic, et n'avoir causes pour empescher qu'il ne soyt condampné [a] poyer lesdictz arreyrages requis sans prejudice du surplus, et a continuer le poyement de ladicte rente de quarante solz tourn. chascun an : ce que ledict scindic a accepté et requis ses conclusions luy estre adjugees avec despens. Par quoy nous, juge susdict, partyes oyes, du consentement dudict Barthon, deffendeur, l'avons condempné et condempnons a poyer et bailler audict scindic, demandeur, lesditz arreyrages desdictes troys annees mil cinq cens cinquante troys, cinquante sept et cinquante huict, montant a ladicte somme de six livres tourn., sans prejudice du surplus, dans un moys, sans usaige ni coustume, et a continuer le payement de ladite rente de quarante solz tourn. chascun an au terme susdict, tant qu'il sera tenentier, proprietaire et possesseur de ladicte maison dessus confrontee, sans prejudice des despens pretenduz par ledict scindic. Faict judiciairement a Limoges, en la court ordinaire, le seziesme jour de febvrier mil cinq cens cinquante huict. — BARNY. — DELAGARDE (1).

L'acte est précieux ; si l'intérêt qu'il présente par son objet même est médiocre, il établit d'une façon absolument certaine trois faits considérés jusqu'ici comme douteux :

1° La mort de Paul Berton, antérieurement au 16 février 1559 ;

2° L'existence, à Limoges, d'un imprimeur du nom de Barthélemy Berton ;

3° Il résulte enfin des énonciations de cette pièce que Barthélemy est bien le fils de Paul Berton, lui-même fils, frère ou neveu de Jean, lequel a établi un atelier typographique à Limoges antérieurement au 21 janvier 1596.

On n'a jamais signalé aucun ouvrage imprimé à Limoges par Barthélemy Berton. Tout porte à croire qu'il ne tarda pas à quitter notre ville. En vain, on pourrait induire des clauses de la sentence du juge vicomtal et des promesses du maître typographe, que ce dernier avait l'intention de garder l'immeuble de la famille et même de demeurer à Limoges. Nous savons, par la mention même des répertoires de Saint-Martial, reproduite plus haut, que moins de six ans plus tard, la mai-

---

(1) Archives départementales de la Haute-Vienne, communauté de prêtres de Saint-Pierre du Queyroix, liasse n° 3883 du classement provisoire.

son de la rue Fourie avait d'autres occupants et qu'elle avait été acquise par eux, peu de temps peut-être après la date du jugement reproduit plus haut, de Barthélemy, François et Léonarde Berton. Ces deux derniers étaient ou les frère et sœur, ou les neveux du maître typographe.

Après 1559, nous ne rencontrons plus aucune trace du séjour des Berton de Tours dans notre ville. Un « Mathieu Berthon, marchand » figure comme témoin à un acte du 17 septembre 1570, dans un livre terrier des prêtres de Saint-Pierre ; mais rien n'autorise à reconnaître dans ce personnage un membre de la plus ancienne de nos familles d'imprimeurs. Avec plus de vraisemblance on pourrait rattacher à celle-ci « Gilles Berthon », nommé au Registre Malherbaud (1) et qui a possédé une vigne d'Encombe-Ferrière, que « Claude Granier (sic), imprimeur » tient en 1550 ; mais on ne connaît, de ce Gilles, aucune autre mention.

On sait qu'un Barthélemy Berton est imprimeur à La Rochelle en 1564 et 1571. On lui attribue même un livre imprimé en 1557, du reste ne portant pas son nom. Même en admettant l'exactitude de cette dernière indication, l'identité de ce Barthélemy et du « maistre imprimeur habitant Limoges » en 1559 est fort probable. Barthélemy Berton a pu quitter Limoges avec son père et s'établir à La Rochelle, puis revenir quelque temps dans sa ville natale pour liquider ses affaires laissées en désarroi par un départ précipité Ainsi s'expliquerait l'absence complète d'ouvrages exécutés à Limoges et portant le nom de cet imprimeur.

Il est assurément étrange que nous ne connaissions aucun livre imprimé à Limoges par Barthélemy Berton. Si peu de temps qu'il ait passé dans notre ville, il n'a pas dû laisser ses presses inactives. Mais bien des découvertes nous restent à faire dans le champ si insuffisamment exploré de la bibliographie. N'ignorions nous pas, il y a cinq ou six ans, jusqu'au nom d'un autre imprimeur de notre ville, Barthélemy Moriceau, postérieur de trente à quarante ans au dernier des Berton et que nous révéla seule la découverte, dans la riche biblio-

---

(1) Fonds de Saint-Martial, aux Archives de la Haute-Vienne.

thèque limousine, réunie au château de Brignac par M. G. Tandeau de Marsac, d'un exemplaire du *Traité du Saint Sacrifice et sacrement du corps et sang de Jesus-Christ*, par le carme Louis Gendron (1). Il ne faut donc pas désespérer de mettre la main sur des livres du dernier des Berton, et même sur des ouvrages exécutés dans notre ville par d'autres imprimeurs, résidants ou de passage, actuellement inconnus de nous.

V

On a vu que Paul Berton, et non Martin, paraît avoir été le successeur de Jean et avoir continué le premier établissement typographique fondé à Limoges. Rien n'est absolument certain à cet égard, et l'exécution du *Bréviaire* de Saint-Martial, très nette et très satisfaisante, semble offrir certains rapports avec les meilleurs produits de Jean. Il faut se souvenir toutefois que l'atelier de ce dernier est installé, en 1505, auprès de l'église de Saint-Pierre du Queyroix, et que le premier ouvrage connu sortant des presses de Paul indique la même adresse.

L'associé du troisième Berton, Claude Garnier, était un typographe habile. D'où venait-il ? Où avait-il appris son métier ? Nous ne sommes pas en mesure de répondre à ces questions. Peut-être avait-il travaillé dans l'atelier de Jean Berton ; peut-être même était-il originaire de Limoges. Le nom de Garnier, en effet, n'est rare à aucune époque dans notre ville. Il est porté, dès le douzième siècle, par une famille du Château de Limoges dont un membre a signé un curieux crucifix émaillé actuellement conservé au musée de Cluny. Un P. Garniers laisse, au treizième siècle, une petite somme à l'abbaye de Saint-Martial, et son nom est inscrit à l'Obituaire publié par MM. Leroux, Molinier et Thomas (2). Un registre de la chambrerie du même monastère montre au xve siècle Léonard Granier possédant une maison au carrefour Bernard-Mayne ; ceux de la Pitancerie (3) nomment, en 1504, Jean Granier, orfèvre, fils de Guillaume,

---

(1) A Lymoges, par Barthelemy Moriceau, imprimeur ordinaire de ladicte ville, 1591.

(2) Au tome I des « Documents bas latins, provençaux et français concernant la Marche et le Limousin. »

(3) Gr. Reg. de la Pitancerie, fol. 193 v° et 194 r°.

notaire, et petit-fils de Pierre, tenancier d'une vigne à Chinchauveau. Ils mentionnent également Léonard Granier dit Las Belas (1). Un coutelier du nom de Pierre Granier ou Garnier, époux de Marguerite Bilanges, occupe, en 1519, une maison dans la rue Manigne. Un autre Pierre Granier, dit Mangonneau, époux de Bonne Vichiez, possède, dans la rue Pennevayre, la moitié d'une maison qui est mise en vente le 30 octobre 1520 (2). Mais il ne résulte d'aucun témoignage précis que l'imprimeur appartînt à cette famille. Il n'y a, il est vrai, pas plus de raison de penser qu'il fût originaire de Troyes. Dans tous les cas rien n'autorise à identifier Claude Garnier, dit *Saupiquet*, imprimeur dans cette dernière ville de 1576 à 1588, avec le typographe du même nom, associé à Martin Berton dès le mois de septembre 1520, et qui, trente-huit ou quarante années durant, dirigea un atelier à Limoges.

L'imprimerie qui paraît avoir été fondée par Martin Berton et Claude Garnier, et où ce dernier continua de travailler après la mort ou le départ de son associé, était, comme on l'a vu par la souscription du *Bréviaire* de Saint-Martial, située auprès, *juxta*, du monastère ou pour mieux dire de la basilique de Saint-Martial. L'*Opus moralitatum*, de Jacques de Lausanne (19 novembre 1528), ne précise pas davantage (3). Le *Coutumier du Poitou* indique simplement : « près Sainct Marcial. » L'*Ordinarium devotarum meditationum*, paru le 4 avril 1528, est plus explicite : c'est « devant l'église », « en face de l'église » (4) que se trouvait placée l'officine de Garnier. Il résulte de ces indications que cette imprimerie devait être établie soit au bas de la rue du Clocher, soit à l'entrée de la rue Pont-Hérisson. Par malheur, nous n'avons pu découvrir dans nos lièves, terriers, listes de taille, une seule mention qui nous permette de désigner d'une façon catégorique l'emplacement de l'atelier en question.

Entre le mois de novembre 1528 et le 10 février 1553, date

---

(1) Gr. Reg. Pitancerie, f⁰ 187 v⁰.

(2) Archives Haute-Vienne, terrier des prêtres de l'église de Saint-Michel, pages 13, 92, etc.

(3) *Secus œdes sacras divi apostoli Marcialis.*

(4) *Commorantem ante divi Sancti Marcialis monasterium... E regione et ex opposito almi monasterii divi Marcialis apostoli.*

inscrite sur la nouvelle édition du *Missel* du diocèse, Garnier transporta ses presses dans la rue Ferrerie, non loin de l'église de Saint-Michel des Lions, comme en témoigne la mention qu'on relève à cet ouvrage (1).

L'imprimeur travaillait encore au mois d'avril 1555. C'est la date du Bréviaire de l'évêque César de Borgognonibus, lequel parut seulement deux ans plus tard, en 1557.

Nous avons déjà vu qu'en 1550, « Claude Granier, imprimeur » tenait de l'abbaye de Saint-Martial une vigne qu'avait précédemment possédée Gilles Berthon.

Claude Garnier paraît n'avoir pas résidé constamment à Limoges. On ne connaît ni le lieu ni la date de sa mort. Il n'est pas impossible que son atelier et son matériel aient passé aux Le Moyne.

VI

Bien peu d'années après la venue des Berton à Limoges, ou tout au moins après l'époque à laquelle l'existence de l'atelier de Jean nous est révélée, on constate l'établissement, dans notre ville, d'une autre famille d'imprimeurs, les de La Nouaille. Ceux-ci habitaient la partie de la place des Bancs qui s'étendait entre le débouché de la rue Lansecot et l'angle de la rue Ferrerie, en face du marché à la viande ; la rue actuelle de la Halle doit passer sur l'emplacement de leur atelier. Richard de La Nouaille, originaire, dit-on, de Saint-Léonard, et établi comme libraire à Limoges, fit imprimer à Paris, par les successeurs de Jean Du Pré, une réédition du *Bréviaire* de 1496 (2). Le livre est daté du 7 des ides de septembre 1504. Cinq ans plus tard, en 1509, il imprimait lui-même un *Manuel pour les Curés* à l'usage du diocèse d'Angoulême. En 1514, 12 juin, il donnait un curieux recueil d'opuscules d'Arnaud Solis : *Luctuosissimum atque flebile opusculum*, consacrés surtout à

---

(1) *Commorantis ante divum Michaëlem, in via Ferraria.*

(2) *Expensis honesti viri Ricardi de La Nouaille, bibliopolæ Lemovicensis, ibidem commorantis in vico nuncupato du Ban, juxta macellum.*

déplorer la mort d'Anne de Bretagne. L'auteur déclare « qu'à l'aide de Dieu et du preux Richard de la Nouaille, imprimeur et libraire de Limoges », il a fait imprimer le livre « sodainement, pour amour du latin » (1). Vers 1515, Richard imprime l'*Antiquitas Carmelitana* de Pierre de Lille et ajoute à la fin cette réclame en deux distiques :

> *Ipse Richardus habet libros quos ere parare*
> *Tu modico poteris. Quære repente domum.*
> *Scamna dabunt signum ; signum dabit ipsaque Rochi*
> *Effigies fulgens Lemovicis Laribus (2).*

D'où il suit que son imprimerie est bien toujours près de la halle à la viande et auprès ou devant une statue de Saint Roch, que mentionne également la *Postilla Evangeliorum* du 10 février 1518 vieux st., *ante Sanctum Rochum*. Nous verrons plus loin le même Richard nommé à un marché du 4 décembre 1523, auquel il est partie contractante.

Antoine Blanchard, connu d'ailleurs, et qui fut imprimeur à Lyon, a-t-il été, plus ou moins longtemps, l'associé de Richard de La Nouaille ? On pourrait induire le fait de ces mots qu'on lit au dernier feuillet des *Dulces et filiales lacrime : Calcographus fuit probus et humanus vir Antonius Blanchardi de Gressa, cum predicto Richardo operans*. La collaboration effective paraît catégoriquement énoncée dans ces derniers mots, et il n'est guère possible de ne voir là qu'une allusion à une fourniture de caractères ou à quelque chose de semblable.

On ne sait à quelle époque mourut Richard. Le dernier ouvrage exécuté par lui qui ait été signalé, est la *Declaratio in laudem sacerdotalis ordinis* de Jean d'Alesme, — 1531.

Ses fils, Léonard et Guillaume, s'associèrent pour lui succéder. On a d'eux une réimpression du *Missel* de Limoges, portant la date du 21 avril 1537. Ils ne s'éloignèrent pas du quartier où leur père avait installé ses presses. Il semble même qu'ils conservèrent la maison occupée par lui, mais en y adjoignant des immeubles voisins qui communiquaient avec

---

(1) Introduction pour la rédaction d'un inventaire, etc., p. 38, (nº 114), par M. Léopold Delisle.
(2) Bulletins mensuels de la bibliothèque nationale.

l'atelier primitif par des cours ou des passages et dont l'un traversait jusqu'à la rue Pennevayre, où il avait sa façade.

Quoiqu'il en soit, Guillaume de La Nouaille, fils de Richard, possède, vers 1546, une maison sise rue Ferrerie et qui figure sur une liste des immeubles construits par des particuliers sur l'emplacement de l'ancienne tour vicomtale dite *Château de la Motte* : immeubles dont la propriété, ou tout au moins la mouvance, est revendiquée par la vicomtesse de Limoges, Jeanne d'Albret. « Léonard de La Nohaillas » possède à la même époque un autre immeuble bâti sur les mêmes terrains, mais confrontant à la rue Pennevayre (1). Léonard aurait donc, si le document en question est bien de la date indiquée, vécu après 1544, époque présumée de sa mort.

D'après Legros, Guillaume de La Nouaille imprima seul, dès 1544, une églogue d'Ausone commentée par Jean Delage, principal du collège de Limoges. Deux ans après, en 1546, il imprimait un appendice aux *Commentaires* d'Arnould Ferron *sur les coutumes de Bordeaux*, dont M. Auguste Bosvieux possédait un exemplaire dans sa riche bibliothèque limousine (2). Le dernier en date des livres imprimés par Guillaume de La Nouaille serait, d'après une note de M. Lingaud, ancien secrétaire de l'hôtel de ville, reproduite par M. Poyet, une édition in-16 du Nouveau Testament parue en 1558. On a des *Heures de Nostre Dame* datées de « Lymoges, 1559 » et qui portent le nom de notre typographe ; mais il n'est pas sûr qu'elles sortent de ses presses.

Ajoutons que plusieurs des ouvrages exécutés par Guillaume énoncent qu'il demeure « près les Bancs » ou « rue Ferrerie ». — Cet imprimeur avait une certaine situation dans la ville. On le trouve même élu, le 7 décembre 1554, consul pour le canton du Clocher (3).

Charles de La Nouaille, frère du précédent, lui succéda en 1559 ou 1560 et mourut probablement en 1563. On n'a jusqu'à ce jour signalé aucun ouvrage sorti de ses presses.

---

(1) « ...Guillaume de La Nouaille, maistre imprimeur, tient la vingtième maison... Léonard de La Nohaillas, imprimeur, tient la quarantième, rue Pecadoyre (*sic*). » — Extraits de la liasse B. 1819 des Archives des Basses-Pyrénées. (Fonds Bosvieux, G. 15, aux Archives départementales).

(2) N° 189 du Catalogue déjà cité.

(3) *Registres consulaires de la ville de Limoges*, t. II, p. 66.

VII

En étudiant les manuscrits de MM. les Sulpiciens du séminaire de Limoges pour en dresser le catalogue, nous y avons relevé un document d'un certain intérêt pour l'histoire de l'imprimerie limousine et qui, par une singulière rencontre, nous apprend quelque chose sur les chefs de nos trois premières familles d'imprimeurs.

A la page 283 du tome second de ses *Mélanges manuscrits* (1), l'abbé Legros a inséré une grande feuille de parchemin dont les bords sont fort usés et dont l'encre a sensiblement blanchi. C'est une de ces pièces du commencement du xvie siècle comme on en trouve beaucoup, d'apparence insignifiante et rebutante à la fois, n'ayant rien qui pique la curiosité du chercheur. Le seul aspect de l'affreuse écriture des notaires du seizième siècle suffit d'ordinaire à mettre en fuite les curieux qui ne sont pas décidés à tout. Si on ajoute que la cote mise cent ou cent cinquante ans plus tard au dos de l'acte, est ainsi conçue : *Piesses concernant la rente, dhue sur le tenement de La Valade, de sept sestiers de segle et sept sestiers d'avoyne eté, mesure de la Cité, et cinq soubs d'acaptement, le tout de cens et fondalité, au Puy-Marot...*, on comprendra que, sur ces alléchantes indications, personne n'ait jamais songé à déplier le parchemin. A plus de vingt reprises, pour notre part, nous l'avions manié et tourné sans y jeter même un coup d'œil. Procédant cette fois à un inventaire sérieux, nous nous crûmes obligé de parcourir au moins la pièce. Un nom frappa notre regard, celui d'un témoin nommé à la fin de l'acte : Jean Nicolas, papetier de Saint-Junien, que nous avions rencontré ailleurs. Auprès de ce nom, nous déchiffrâmes celui de Jean Berton. C'en était assez pour qu'à l'indifférence succédât aussitôt la plus vive curiosité.

Le document offre, en effet, plus d'intérêt que ne l'annonce la cote reproduite ci-dessus, et fort étrangère en réalité à son objet. C'est un traité entre notre Richard de La Nouaille, dénommé ici maître libraire, et faisant effectivement dans cette

---

(1) N° 13 de notre Catalogue.

occasion, œuvre de libraire, et un personnage désigné sous le nom de « maître André Chouvin », au sujet du partage d'une édition de 800 exemplaires du *Bréviaire à l'usage du diocèse d'Angoulême*, et d'une autre de 450 exemplaires du *Missel* du même diocèse, imprimées à Limoges par Claude Garnier.

L'acte, qui est passé devant Jean Pénicaud l'aîné, notaire, et en présence de Jean Berton, « libraire de Limoges » et de Jean Nicolas, « papetier de Saint-Junien », à la date du 4 décembre 1523, renferme plusieurs passages de nature à appeler l'attention. C'est Chouvin qui a commandé le travail et c'est évidemment à ses frais ou à ceux de mandants ou de commanditaires non dénommés au contrat, que l'impression a été exécutée. Les huit cents exemplaires sont partagés par moitié entre La Nouaille et l'éditeur, qui se charge sans doute d'écouler les siens à Angoulême. Le libraire dépositaire de Limoges paie les quatre cents Bréviaires au prix de cent livres tournois : 473 fr. 18, valeur du temps, au pouvoir actuel d'au moins trois fois autant : 1,400 fr. environ, — et les deux cent vingt-cinq Missels au prix de cinquante-six livres cinq sols (273 fr. 20, auj. 800). L'impression des missels paraît avoir été faite à frais communs, n'avoir coûté par conséquent que 112 livres dix sols ; il s'en trouve dans le nombre une certaine quantité tirée sur parchemin. A noter un passage où on prévoit, en termes assez vagues du reste, la possibilité de la mise en vente, par l'imprimeur, d'exemplaires subrepticement tirés par lui en sus du nombre de volumes commandés par l'éditeur et livrés à Chouvin.

Aucune mention n'étant faite de Martin Berton, il semble certain qu'à la date du contrat étudié par nous, l'association entre cet imprimeur et Garnier était rompue et que celui-ci demeurait seul à la tête de l'atelier.

Quant à Richard de La Nouaille, notre parchemin suffirait à prouver, si nous ne le savions déjà par ailleurs, qu'il ne s'occupait pas moins du commerce de la librairie que de son industrie d'imprimeur et qu'il se chargeait de vendre les livres de ses confrères comme il vendait les siens. On pourrait s'étonner de voir, à cette époque, un imprimeur faire exécuter des ouvrages chez un confrère à ses frais et dépens. Mais il faut se rappeler que Richard eut souvent recours à d'autres presses que les siennes, et que, six ans plus tard, il confiait à un Lyonnais, Gilbert de Villiers, le soin d'imprimer un nouveau *Bréviaire* du diocèse de Limoges. Faut-il en conclure qu'il était alors surchargé de travail ? N'est-il pas plus vraisemblable qu'assez pauvrement outillé, peut-être mal secondé momentanément, il demandait au commerce des bénéfices que son art ne pouvait lui procurer.

La présence de Jean Berton, libraire, en qualité de témoin, doit être relevée. On ne connaissait, croyons-nous, aucune mention précise qui permit d'affirmer, postérieurement à 1510, l'existence du premier de nos imprimeurs. Il est difficile de croire qu'il s'agisse ici d'un autre Jean Berton : on ne retrouve point ailleurs sa trace.

Quant à André Chauvin, il est bien connu de nos bibliographes. Lui aussi était libraire et imprimeur à Angoulême ; comme de La Nouaille, il donnait du travail aux imprimeurs du dehors, et les livres qu'il vendait ne sortaient point tous de ses presses. Nous avons ici un exemple du fait.

Nous donnons in extenso le texte du contrat conservé à la bibliothèque du Séminaire :

Nous, garde du seel royal auctenticque estably et ordonné aux contractz du bayliaige de Limoges pour le Roy nostre Sire, a tous que ces presentes vorront et orront, salut. Sçavoir faysons que, pardevant notre commissaire et juré soubzsigné et des tesmoingts empres nommez, en la ville de Limoges, ont esté presens et personnellement establys en droict venerable maistre André Chouvyn, natif de la ville d'Engolesme, pour luy et les siens, hoirs et successeurs, d'une part, et saige homme Richard de la Noualhe, maistre libraire, de Limoges habitant, pour luy et les siens, d'aultre. Comme ledict maistre André audict de La Noalho a dit et donné a entendre qu'il avoit faict faire huict cens brevieres de l'uzaige dudit Engolesme pour certain pris, lequel maistre André, pour certaines causes ad ce le mouvent, a vendu, audict maistre Richard, present et accceptant, la quantité de quatre cens brevieres pour le pris de cens livres tournoys, monnoye courrent, desquelles cent livres ledict De La Noualhe a poyé et baillé reaulment et de faict audict maistre André la somme de trente deux livres tournoys, monnoye courrent ; Et a esté dict et accordé entre eulx que desdictz brevieres, demeureront entre les mains dudict maistre André quatre cens, et aultres quatre cens audict De La Noalhe ; et seront tenuz iceulx maistre André et De La Noalhe l'ung l'autre rendre compte et tenir compte l'ung a l'aultre de la somme qu'ilz se vendront, defalqué la relieure ; et des sommes de deniers qu'ilz se vendront, ledict maistre André sera poyé le premier de ses cens livres; et le residu se vendra chacun a son particulier pour le pris qui entre eulx sera accordé, comme bon leur semblera; et les imperfections ilz seront tenuz prandre chacun pour la moitié. Et ledict maistre André a recognu en avoir prins treze. Et en advenement que Claude Garnier, que les a imprimés, ou aultre, en (?) auroit d'iceulx brevieres, et iceulx vouldrons (*sic*) vendre ou faire vendre, sera tenu ledict maistre André estre aux interestz et dommages dudict maistre Richard de la Noualhe; et s'il y auroit au dessoubz des huict cens, se contentera ledict de La Noualhe mais que il en ayt la moytié de ce que s'en trouvera; aussy s'ilz montent plus hault que du nombre des huict cens et ung quarteron, ne sera tenu de les prendre. — Aussy ledict maistre André Chouvyn a dict qu'il faisoit faire audict Claude Granier quatre cens cinquante Misselz dudict usaige d'Engolesme, desquelz il a delaissé la moytié audict de La Noualhe, qu'est pour sa part deux cens vingt cinq Misselz, moyennent la somme de cinquante six livres cinq solz, et aultant pour la part dudit maistre André, pour la fasson et estoffe desdictz Misselz. Et oultre iceulx, ledict maistre André prandra douze Misselz que y a en parchemyn, oultre et par dessus le nombre desdits Misselz que y a en parchemyn, desquelz ledict maistre André sera tenu audict De La Noualhe deffalquer la somme de neuf livres tournoys, monnoye courrent, de la somme susdicte, de laquelle ledict De La Noualhe est redebvable envers ledict maistre André, pour raison de la vente des Brevieres; et icelluy maistre André deffalquera icelle dicte somme; et d'iceulx Misselz l'ung l'autre tiendront compte et seront tenuz l'ung envers l'aultre en poyer pour piece, sans relieure, la somme que par eulx sera advisée et sera conthenue en leurs cedeules. Et en tout advenement qu'ilz viendroyent a contraire (1) l'ung envers l'aultre, ont promiz emender et poyer tous damps, dommages, interestz et despens que l'ung d'eulx feroit ou soubstiendroit par deffault de l'aultre et de l'acomplement (*sic*) de ces presentes a leur simple dict et serement, sans aultre preuve, nonobstant le droict disant le contraire; auquel droict ont renuncé et renuncé a toutes renuntiations tant de faict que de droict, qu'ilz pourroyent deduyre ou alleguer pour enfraindre le contenu de ces presentes, moyennent serement par eulx faict et presté sur les Sainctz Evangilles de Dieu Nostre Seigneur, manuallement touché le Livre : en vertu duquel serement ont affecté et obligé leurs personnes et biens, meubles et immeubles presens et advenir; et ont voulu estre contrainctz et compellés par nous, noz successeurs, sergens et officiers dudict seigneur, par saisine, prinse et vendition de tous leurs biens, meubles et immeubles, presens et advenir, une fois ou plusieurs, et par toutes voyes

---

(1) C'est le *contraire* des actes latins.

deüez et raysonnables. A la riguour duquel seel s'est soubmis ledit maistre André, d'aultant qu'il n'est du presànt bayliaige, et a toutes aultres compulsions deües et raysonnables. — Et de leur plaing vouloir et consentement, l'ung [et] l'aultre le requerant, ont esté lesdites parties condempnées par Jehan Penicaud l'aisné, notere commissaire et juré, par devant lequel les choses (*sic*) ont esté faictes et par luy receües, comme nous a rappourté par ces presentes, de sa propre main signées, que nous approuvons et emologons, comme si par devant nous, en jugement, avoyent esté faictes. Et en tesmoignage de verté et pour plus grand fermeté, le seel royal que nous gardons (*sic*) avons mis et appousé. Donné et faict audict Limoges, es presences de saiges hommes Jehan Berton, libraire de Limoges, et Jehan Nycholas, papetier de Sainct Junien, tesmoingtz ad ce appellez, le quart jour du moys de decembre, l'an mil cinq cens vingt troys. — PENICAUD.

Nous ne connaissons pas d'exemplaire du Bréviaire dont il est parlé aux *conventions entre Chauvin et de La Nouaille*; mais nous avons pu, grâce à la bienveillante obligeance de M. Léopold Delisle, administrateur de la Bibliothèque nationale, admirer le Missel d'Angoulême sorti des presses de Claude Garnier. C'est un des spécimens les plus intéressants de notre vieille typographie limousine et un de ceux qui lui font le plus honneur.

Ce n'est pas la Bibliothèque nationale, c'est la Mazarine qui possède ce joyau typographique. Le volume porte le n° 1163 de la Réserve. Son beau titre en caractères rouges s'est visiblement inspiré de certains titres calligraphiés du xvᵉ siècle dont maints échantillons subsistent dans nos archives et nos bibliothèques. L'encadrement du premier feuillet est intéressant : il offre non seulement plusieurs figures de sibylles, mais aussi quelques vers relatifs à ces prophétesses des Gentils et que nous avons rencontrés dans plusieurs manuscrits d'origine limousine, entr'autres dans le *Recueil des Antiquités de Grandmont*, de Pardoux de La Garde (1).

Notons un autre encadrement formé d'anges, dans le seizième cahier coté O et non chiffré. Cet encadrement entoure une image du Père Eternel, placée entre les quatre animaux symboliques des évangélistes. La gravure se retrouve dans d'autres livres imprimés au xviᵉ siècle, à Limoges.

---

(1) Manuscrit de la bibliothèque de MM. les Sulpiciens du Séminaire de Limoges, n° 81 de notre Catalogue.

Plusieurs vignettes ou lettres ornées méritent d'appeler l'attention. Citons une lettre à personnages assez curieuse au commencement des préfaces notées, et à la fin un Calvaire qu'on trouve reproduit dans d'autres ouvrages sortis des presses limousines.

Il y a peu de remarques à faire sur l'ouvrage lui-même. Nous avons pourtant relevé, aux Litanies des Saints, l'insertion des noms de saint Martial et de saint Front, à la suite des apôtres et des évangélistes. Nous avons déjà noté le fait dans plusieurs manuscrits (1).

Voici la description de ce volume, que nous devons à M. Delisle :

« Très beau titre : Missale || per celebris || ad usum insignis ecclesie Engolismensis peroptime ordinatum accurateq3; || castigatum : unacu n missa Quincq3; plagarum Christi. Nominis iesu. Beate || Marie de pietate. Beat (*sic*) Sebastiani. beati Rochi : atq3 cū orationibus Sancti || Fiacrii & Sancti Leoboni & missis Sacti Leonardi & Sancti Bonaveture || in Sanctorali de novo additis. cunq3 titulorum superpositione et folioru quo || tatione : quod non modice est utilitatis ad ea que in eo requirutur invenieda.

> *A la fin :* Ad laudem Dei omnipotentis
> Ejusq3 intemerate matris Marie
> Beati Petri : ac omnium sanctoru
> Missale ad usum insignis ecclesie
> Engolismensis accuratissime ca-
> stigatum. Cum titulis et numero
> foliorum (quod maxime est utilita-
> ti) superpositis : una cu3 missis de
> Nomine Iesu. Quinq3 plagarum
> Xpi, Beate Marie de pietate. Bea-
> ti Sebastiani Beati rochi. atq3 cu3
> missis scti Leonardi. & scti Bona
> veture. & oronib9 scti Fiacrii & scti
> Leoboni de novo additis & ī sctora
> li insertis. felicissiū sumpsit finem.

---

(1) Entr'autres à des litanies du XIIIᵉ siècle provenant d'un Psautier de l'abbaye de Grandmont (Man. des Sulpiciens de Limoges, nᵒ 69.)

Impressuȝ Lemovicis per Clau
diū Garnier. Anno ab incarnatio
ne dnica. Millesimo quingentesi
mo. xxiiii. kalendas. Martii. »

Cette date est assez obscure. En effet le mot *kalendas* à l'accusatif ne se prend pas ordinairement pour le jour même des calendes, mais pour les jours qui le précèdent. Toutefois, comme on ne peut scinder arbitrairement le nombre de xxiiii placé avant ce mot, nous croyons qu'on doit comprendre : « le jour des calendes de mars de l'année 1524 », autrement dit le 1er mars 1525. Ainsi la publication du Missel d'Angoulème aurait été postérieure de près de quinze mois aux conventions arrêtées entre André Chauvin et Richard de La Nouaille.

« Cahier préliminaire signé ✛, de 8 feuillets, contenant le calendrier.

Fol. i-cviii. Cahiers a-n. Feuillets i-cviii. Propre du Temps.

Fol. i. Ad honorem Dei ‖ oïpotentis ejus ‖ qȝ immaculate mris ‖ Marie ac beati petri ‖ apostoli Iucipit mis ‖ sale secundum veruȝ ‖ usum insignis ecclie ‖ Engolismensis.

Cette page est ornée d'un bois représentant un prêtre commençant la messe. Elle est bordée d'un encadrement qui renferme les figures des sibylles.

Fol. cviii v°, fin du Propre du Temps.

Cahier O. Cahier de 8 feuillets non chiffrés : Préfaces et Canon.

Au fol. 6 de ce cahier, grande figure : le Père Eternel, assis sur un trône, couronné de la tiare, bénissant de la main droite, la main gauche appuyée sur un globe surmonté d'une croix.

Fol. i-xlviii. Cahiers Aa-Ff. Propre des Saints.

Fol. i. Iucipit officium prpriū sctoruȝ.

Fol. xlviii. Finit sanctorale.

Fol. i-[xxx]. Cahiers A-D [lettres rouges]. Commun.

Fol. i. Incipit commune sanctorum.

Volume in 4° de 202 feuillets,

Savoir : 8 feuillets du cahier préliminaire signé + : titre et calendrier.

108 feuillets des cahier Sa-n : Propre du Temps.

8 feuillets non cotés, du cahier O.

48 feuillets des cahiers Aa-Ff : Propre des Saints.
30 feuillets des cahiers A-D [lettres rouges]. Commun.
Caractères gothiques. Deux colonnes. 39 lignes à la colonne. »

VIII

« Nous ne nous occuperons pas ici des Barbou. Un de nos
confrères, M. Ducourtieux, prépare la publication d'une notice
détaillée sur cette famille, à l'aide de documents domestiques
nombreux et inédits. Rappelons seulement qu'Hugues Barbou,
fils d'un imprimeur de Lyon, vint s'établir à Limoges en 1566
ou 1567, y épousa, en 1568, la veuve de Charles de La
Nouaille, et imprima un grand nombre d'ouvrages, dont plusieurs sont remarquables à divers titres (1).

On a vu plus haut qu'Antoine Blanchard, dont l'origine limousine est à peu près certaine (2), paraît avoir été le collabo-
rateur de Richard de la Nouaille et qu'il est nommé au dernier
feuillet des *Dulces et filiales lacrime*, imprimées à Limoges en
1514. Nous n'avons découvert aucun document relatif au séjour à Limoges de ce typographe, qui fut peut-être graveur et
fondeur de caractères.

Un imprimeur du nom de Bargeas aurait, dit-on, publié à
Limoges, dès le xv⁰ siècle, la vie d'une religieuse morte en
odeur de sainteté (3) ; mais on n'a jamais donné le titre exact
de cet ouvrage : tout porte à croire qu'il y a erreur dans cette
indication et qu'au xvıı⁰ siècle seulement les Bargeas dirigè-
rent un atelier typographique.

La famille Le Moyne est une de celles de notre ville qui
ont, dans le cours du xvı⁰ siècle, fourni le plus grand nombre
de libraires et de typographes. Beaucoup de mentions concernant ses membres se rencontrent dans les registres des Archives départementales et dans les pièces conservées à la Biblio-

---

(1) Nous avons vu que des relations existaient depuis longtemps
entre les imprimeurs ou libraires de Limoges et ceux de Lyon, et
que, dès 1529, Richard de La Nouaille s'adressait à un confrère de
cette ville pour l'exécution d'un Bréviaire Limousin.

(2) Une famille d'orfèvres de ce nom existe au xvı⁰ siècle et nous
connaissons, dès 1504, un Pierre Blanchard, notaire.

(3) *Journal de la Haute-Vienne* du 8 mai 1806, n⁰ 18, p. 151.

thèque de MM. les Sulpiciens. Les renseignements qui nous sont fournis par cette source d'informations ne sont pas toujours très précis. On peut même se demander si ce nom de Le Moyne n'est point un simple sobriquet et si le véritable nom patronymique de nos imprimeurs ne serait pas *Nivet?* Nous avons relevé, en effet, à un registre terrier des prêtres de Saint-Pierre du Queyroix, précieux à plus d'un titre, la mention que voici : « ... Vigne de Michel Nyvet, *alias* Le Moyne, libraire (1). »

Quoi qu'il en soit, le premier membre de cette famille qu'un document mentionne avec la qualification de libraire, est Hilaire. Legros l'a trouvé, à la date du 16 juillet 1565, désigné comme exerçant cette profession. Dix ans plus tard, « Illaire Le Moyne, libraire », est mentionné à un registre de la communauté des prêtres de Saint-Pierre, dit Registre Pabot, comme possesseur d'une vigne sise au clos Las Barras, *al.* clos de La Touche (2). Hilaire qui, dès 1553, habitait la rue Ferrerie, a, en 1594, d'après M. Ardant, son domicile place de la Mothe et est qualifié à cette date d'imprimeur. Il est certain qu'on trouve plusieurs fois mention d'Hilaire Le Moyne, imprimeur, à un registre de l'hôtel de ville (3).

Jean Le Moyne vivait, d'après M. Poyet, de 1581 à 1586. M. Chapouland en a fait un imprimeur ; M. Ducourtieux un simple libraire. Nous n'avons, en ce qui nous concerne, rencontré qu'un document faisant mention de lui avec l'énoncé de sa profession. C'est l'enquête sur les événements d'octobre 1589, où il est qualifié de « maître libraire (4). »

Quant à Pierre et Michel Le Moyne, il est hors de doute qu'ils ont l'un et l'autre exercé la profession d'imprimeur. Pierre, que MM. Ardant, Chapoulaud et Poyet ont trouvé en 1586 et 1589, est nommé le 14 octobre 1588 au Registre Pabot, qui nous a déjà fourni une mention d'Hilaire Le Moyne (5). C'est évidemment lui que le même recueil désigne, à la date

---

(1) Terrier dit *Registre Pabot*, fol. 18 r⁰, 18 décembre 1594.
(2) Registre Pabot (art. 5,418 du classement provisoire, fonds des prêtres de Saint-Pierre, aux archives départementales de la Haute-Vienne, fol. 3 v⁰ : 5 mars 1575.
(3) Aumônes municipales, GG, 201.
(4) Arch. nationales, KK, 1212.
(5) Registre Pabot, fol. 13 r⁰.

du 28 juillet 1599, sous le nom de « Peyrot l'Imprimeur (1). » Pierre, dit Peyrot Le Moyne et Marsalle d'Aixe sont dits, en 1607, père et mère de Michel Le Moyne, maître imprimeur de Limoges (2). On trouve encore Pierre Le Moyne, mentionné avec la qualité de maître imprimeur, à la date du 22 novembre 1627, à propos d'une vigne que possède la famille au clos de Las Barras, *al.* des Treize Chevaux (3).

Le fils de Pierre, Michel Le Moyne, est dit libraire à la date du 18 décembre 1594 ; maître imprimeur, le 9 octobre 1597 ; libraire et imprimeur, le 24 novembre 1601 ; maître imprimeur, le 23 décembre de cette même année (4). Il a, de 1597 à 1599, un procès avec Hugues Barbou, et c'est ce dernier qui obtient gain de cause. Nous ne connaissons pas l'objet du litige.

On trouve, dans les liasses intitulées : *Résidus de divers fonds,* aux Archives de la Haute-Vienne, un acte de 1551 faisant mention de Mathurin Olivier, imprimeur (le nom n'est pas très lisible), époux de Gallianne Auriget, et possesseur d'une vigne au Clos d'Encombe Vineuse. Il est probable qu'il s'agit ici d'un simple ouvrier. M. Poyet cite également le nom d'un Jean Duboys, imprimeur, qui vit en 1588 et dont nous ne savons rien d'ailleurs.

Nous ne nous sommes occupé ici que des imprimeurs de Limoges. Seule, en effet, des villes de notre province, la capitale posséda des imprimeries antérieurement au dix-septième siècle. Il semble, toutefois, que des typographes de passage aient travaillé à Tulle dès le seizième, mais sans y fonder un établissement. On connaît un exemplaire de l'*Apocalypse* exécutée dans cette ville par Arnaud Bernard en 1589. — Le premier livre imprimé à Brive remonte seulement à 1635, et bien qu'on connaisse une Vie de saint Pardoux datée de 1716 et portant la mention « à Guéret, chez Alexis Sorin », la capitale de la

---

(1) Registre Pabot, fol. 24 r°.
(2) Ibid. fol. 26 r°.
(3) Ibid. fol. 30 r°.
(4) Archives départementales, Terrier des Prêtres de Saint Michel, pages 405, 406 ; Registre Pabot, Prêtres de Saint Pierre, fol. 18 r°, 25 r°, 26 r°, 30 r°, — et Archives communales. Reg. des baptêmes de Saint Pierre. BB. 1.

Haute-Marche ne paraît pas avoir eu d'imprimeur avant la Révolution. Les autres petites villes limousines ou marchoises n'ont pas été mieux partagées : Saint-Léonard lui-même posséda-t-il vraiment un atelier typographique dès le premier quart du dix-septième siècle, comme en témoigneraient ces mots qui se lisent au frontispice d'un livre assez rare, *La Vie, translation et miracles de Saint Léonard*, par Joseph Chalard : « A Saint Léonard de Noblat, par Etienne Roland, 1624? » Il est permis d'en douter. Quant à Saint-Yrieix, il ne paraît pas que des presses y aient fonctionné avant le dix-neuvième siècle. Aussi est-ce avec une véritable stupéfaction que nous avons lu dans un ouvrage paru il y a quelques mois à peine, l'*Imprimerie en Europe*, par M. Léon Degeorge (1), les lignes suivantes sur cette ville :

« Saint-Yrieix (Haute-Vienne), 1520. *Au XVe siècle*, les *moines* montèrent dans cette ville *un établissement typographique*, d'où sortirent, à la date ci-dessus, un *Breviarium* et un *Missale Athenatense.* »

Il est tout à fait inadmissible que le mot *Athenatense* puisse désigner le chef-lieu du moins étendu des quatre arrondissements de la Haute-Vienne. L'ancien nom du monastère de Saint-Yrieix, qu'on a souvent donné à la ville, est *Attanum*. La forme *Athenatum* ne se rencontre nulle part. Ajoutons que, depuis le onzième siècle, un chapitre avait remplacé l'ancienne communauté et qu'il n'existait, à Saint-Yrieix, ni au quinzième ni au seizième siècles, aucun couvent d'hommes de quelque importance.

IX

Les précurseurs de nos typographes appartiennent à deux familles, à deux catégories d'artistes qu'il n'est pas toujours aisé de distinguer. Les uns écrivent et ornent les manuscrits : ce sont les calligraphes, les peintres, les enlumineurs ; les autres reproduisent, à l'aide de la gravure sur bois, des livrets, des placards, des almanachs, et les naïfs chefs-d'œuvre de

---

(1) Paris, Em. Paul, L. Huard et Guillemin, 1892.

l'imagerie populaire : ce sont les xylographes, les cartiers, auxquels les documents attribuent parfois le titre d'imprimeurs. Cette qualification, qui peut donner lieu à de singulières méprises, est appliquée, à Limoges, dès 1381, à un certain Barthélémy de Pistorie (1), que l'abbé Legros signale dans un curieux article du *Journal de la Haute-Vienne* du 6 mai 1808.

Ces artistes, ces artisans si on veut, sont désignés d'ordinaire sous le nom de cartier, — *cartarius, factor cartarum*. M. Maurice Ardant, et M. Poyet après lui, en ont signalé un certain nombre ; nous avons nous même, dans plusieurs documents, découvert des mentions concernant ces modestes précurseurs de la typographie.

L'un d'eux, Jean Faure, a plus spécialement appelé notre attention. Il est qualifié d'*imprimeur* à une époque où les ateliers de typographie commencent à se multiplier en France et où il pourrait être permis de se demander si nous n'avons pas affaire à un disciple de Guttemberg. Un acte de l'année 1479 reçu *de Possa*, signé pour collation Jean Astay et Jean de Possa, a trait à une accense consentie par Jean Julien, bourgeois de Limoges, à Jean Geneste, de certains emplacements, autrefois maisons, sis dans la Cité et confrontant à la rue de l'Eycudarie, qui va de la ville à la cathédrale, et « au jardrin de Jean Faure, imprimeur » (2).

Un personnage du même nom, Jean Faure (*Fabri*) de La Villatte, avait été autrefois signalé par M. Ardant, qui l'avait trouvé figurant, avec la même qualification d'imprimeur, à un acte de 1441, de trente-huit années par conséquent antérieur au nôtre. A cette date, il est impossible de prendre notre imprimeur pour un typographe et on ne saurait y voir qu'un simple cartier.

---

(1) « Barthélémy de Pistorie, imprimeur, qui vivoit le 25 mars 1381 et demeuroit alors dans la rue Gagnolle » (*Journal de la Haute-Vienne*, année 1808, n° 19, p. 214). Legros avait découvert cette mention dans un « Répertoire de la communauté des Prêtres de Saint-Pierre, p. 139. » C'est du moins la source qu'il indique à la page 335 de ses *Tables chronologiques civiles* pour servir à l'histoire du Limousin (manuscrit des Sulpiciens du séminaire de Limoges.)

(2) Titre ayant appartenu à la liasse 5420 des archives du département (classement provisoire) et versé il y a peu d'années aux archives de l'hôpital de Limoges.

Nous avons rencontré le nom de Jean Faure dans plusieurs autres documents. Celle de ces pièces dont la date est la plus rapprochée de la date de l'accense de *de Possa* est un marché conclu le 12 mai 1484, par-devant *Brevis*, notaire, et par lequel un potier du nom de Pierre Fornier ou Fournier s'oblige à fournir, au prix de dix livres tournois, à Jean Faure, « peintre du Château de Limoges », vingt cruches de terre, revêtues à l'intérieur et à l'extérieur d'un vernis de plomb, d'une contenance de neuf à onze setiers chacune et destinées à renfermer de l'huile :

Die xiiª mensis maii, anno Dⁿⁱ millesimo ccccᵐᵒ lxxxᵒ quarto, Johannes Fabri, pictor Castri Lemovicensis, aliter l'*Escriva*, gratis, etc. forisavit et forum fecit cum Petro Fornier, figulo sive gerlerio Castri Lemovicensis, ibidem presente, scilicet de faciendo viginti bugias terre, plumbatas intra et extra, continentes de novem ad decem et de decem ad undecim sexteria *olei particulariter* (1), pro tenendo oleum bonas et competentes ad dictum magistrorum et expertorum, et hoc precio sive summa decem librarum Turonensium monete nunc currentis (2).

Le peintre de l'acte qui précède, l'imprimeur de 1479 ne doivent-ils pas être identifiés avec un Jean Faure nommé à une reconnaissance du 15 septembre 1459 que nous avons également relevée dans les minutes de Brevis, notaire. Cet acte établit que le peintre n'était pas un peintre en bâtiments ; que l'imprimeur n'était pas un cartier vulgaire. C'était un artiste, un copiste de manuscrits, un enlumineur, et le surnom qui lui est donné au document ci-dessus mentionné : l'*Ecrivain,* en fait foi. Le texte qui nous est fourni par le registre du notaire, nous le représente vendant un livre, sans nul doute exécuté par lui, et ce livre est précisément un Missel. L'ouvrage doit être soigné : car l'obligation est d'assez forte somme : vingt-trois livres sept sols six deniers, quelque 850 ou 900 fr. d'aujourd'hui (3), et cette somme ne représente pas le prix tout entier du volume, mais seulement une portion qui en reste due. Les débiteurs, Martial de Fougeyras et Aymeric Luret de

---

(1) Respectivement, chacune.
(2) Arch. du département, liasse 5,354 du classement provisoire.
(3) La livre tournois vaut, en 1459, 7 fr. 184, soit cinq fois plus de nos jours, au moins, au pouvoir actuel de l'argent.

Perol, de la paroisse de Boisseuil, prennent l'engagement de payer ce reliquat en dix-sept écus d'or, moitié avant la fête de Noël 1459, et l'autre moitié avant Pâques qui suivra. Voici notre document :

Die decima quinta mensis septembris, anno Domini millesimo cccc^{mo} LIX°, Marcialis de Fougeyras et Aymericus Luret (?) de Perolio, parrochie de Buxolio, Lemovicensis diocesis, gratis, etc., recognoverunt debere bene et legitime Johanni Fabri, pictori et scriptori forme, ibidem presenti et solemniter stipulanti, summam viginti trium librarum septem solidorum et sex denariorum monete nunc currentis ex restante (?) vendicionis unius missalis, dictis Marciali et Aymerico venditi et traditi, debitarum ; quam summam dicti Marcialis et Aymericus et quilibet in solidum solvere et tradere promiserunt dicto Johanni in decem et septem scutis auri nunc currentibus, videlicet medietatem infra festum Nativitatis Domini proxime venturum et aliam medietatem infra Pascha post modum secuturum, etc. Et emendare dampna, etc. Renunciaverunt, etc., et litteris status (quelques mots illisibles), dispensatio juramenti, epistole divi Adriani, etc. Voluerunt compelli per regem, per officialem, per arrestum et detentionem corporum suorum et cujuslibet in solidum, etc. Juraverunt et obligaverunt, et quilibet in solidum concesserunt litteras, etc, Presentibus domino Johanne de Leyma[ria ?], canonico Lemovicensi, et Stephano Merlhaco, clerico Lemovicensis diocesis.

Une note mentionne le consentement donné par Jean Faure à la radiation de l'obligation ci-dessus, sans doute après paiement des dix-sept écus, le 4 mars 1460 vieux style (1461) (1).

Jean Faure est qualifié non seulement de peintre, mais d'écrivain, et d'écrivain de lettres de forme. Ce titre, qu'on rencontre assez souvent au quinzième siècle, et que nous voyons donné, vers cette époque, à plusieurs clercs de Limoges, paraît équivaloir à celui de calligraphe. On sait que cette expression : lettre de forme, *fourme*, servait à désigner un caractère gothique particulièrement élégant, d'une exécution soignée et qu'on employait pour les ouvrages liturgiques et pour les livres de luxe.

Nous retrouvons Faure avec cette même qualification de *scriptor formœ*, au Terrier de Laurent du Pin, dans le fonds

---

(1) *Cancellatum de voluntate dicti Johannis Fabri, presentibus Colaudo Marotau et Guillermo Bajuli, costurario, testibus, die quarta mensis marcii, anno Domini M° cccc^{mo} lx°.*

des prêtres de Saint-Pierre du Queyroix, aux archives de la Haute-Vienne. Ce registre nous montre notre homme possédant une maison de la rue Mirebeuf, pour laquelle il payait un cens à la communauté. Il est très vraisemblable qu'il s'agit ici de l'*imprimeur* signalé par M. Ardant à la date de 1441.

Ajoutons qu'à un document des archives de la vicairie des Gaultiers à Saint-Martial, rapporté par Legros, le même Jean Faure, mentionné avec son surnom « l'Ecrivain », est qualifié de « vitrier ». Le personnage dont nous nous occupons ici exerçait-il aussi l'art de la peinture sur le verre ? Il n'y aurait à cela rien qui pût nous surprendre. Les artistes ne se spécialisaient pas autrefois, et beaucoup d'entr'eux, à l'époque où vivait Faure, s'exerçaient aux travaux les plus divers.

X

Nous donnons ci-dessous le relevé des noms de tous les artistes ou artisans de Limoges qui ont travaillé ou pu concourir, antérieurement à l'an 1600, à l'exécution des manuscrits ou des ouvrages imprimés : peintres, calligraphes, enlumineurs, sculpteurs, cartiers, parcheminiers, relieurs, libraires et typographes (1) :

XIIIᵉ siècle. — Bernard le peintre, *Bernardus pictor* (Obituaire de St-Martial, ap. *Documents historiques*, publ. par MM. Leroux, Molinier et Thomas, t. I, p, 74).

XIIIᵉ siècle. — « Bonet lo parjaminier » (Arch. hopital., Lière de St-Gérald).

XIIIᵉ siècle. — Salanhac, peintre (Obit. de St-Martial, ap., *Documents historiques*, t. I, p. 57).

1299. — Gauthier « lo pergaminier » (Arch. départ., liasse 7479 provᵣᵉ).

Vers 1330. — Yves ou Yvon « écrivain de l'Evêque de Limoges », *scriptor domini* (Bibl. des Sulpiciens, mˢᵗ nᵒ 58, fol. 100 rᵒ).

1352. — Pierre Razet, parcheminier (Arch. hop. rentes unies).

---

(1) Nous n'y comprenons pas les *bibliothécaires* des monastères, bien qu'ils aient été presque tous relieurs, enlumineurs ou calligraphes.

1358. — Peyrusson, peintre (Comptes du Receveur de l'Evêque, Bibl. des Sulpiciens, m^st n° 60, fol. 18 r°).

1365 juin et 1380, 26 juillet. — Guillaume Barthelemy, peintre du Château de Limoges (Arch. dép., Prêtres de St-Pierre, liasse 3227, et Hôpital, rentes unies. Voir aussi *Documents historiques*, t. I, p. 57).

1374. — Barthélemy Quartier, parcheminier (Arch. dép., chapitre, liasse 8547 prov.). A un acte de 1415, il est parlé de feu Barthélemy Quartier (Hosp., pauvres à vêtir).

1381 et premières années du XV° s. — Mathias Darnac (d'Arnac?), peintre (Arch. dép., St Martial, Reg. Pitancerie, fol. 4 et lièves diverses).

1381. — Barthélemy de Pistorie, « imprimeur » (*Journal de la Haute-Vienne* du 6 mai 1808, d'après un terrier des prêtres de St-Pierre cité dans les manuscrits de Legros).

1381 ou 82. — Mathieu Dubois, enlumineur et orfèvre (nommé par l'abbé Texier, qui l'indique comme étant né à cette date).

(?) Entre 1380 et 1428. — Bernard, cartier (Dép., St-Martial, Reg. de la Chambrerie, f. 133 v°).

XIV° siècle (fin), 1415, 1421. — Jean Quartier, parcheminier, fils de Barthélemy Quartier ci-dessus (Hôpital : Pauvres à vêtir et rentes diverses).

1408. — Jean Cothet, *Cotheti*, sculpteur (Dép., liasse 2488 prov.).

1408. — « Benoît l'argentier » paraît être aussi peintre et sculpteur (Comptes du receveur de l'évêque, Sulpiciens, man. n° 60).

1427-1461. — Jean Le Roy, « imaginier », « Jehan Roy, ymaginayre » (Dép., liassé 3297 *bis* prov. et Hôtel de ville de Limoges, GG, 206).

1441. — Jean Faure, *Fabri*, de Lavillatte « imprimeur » signalé par M. Maurice Ardant.

1444, 6 octobre. — Pierre Darnaut, peintre (Dép., Abbaye de la Régle, liasse 36 prov.). Peut-être a-t-on voulu écrire Darnac.

1456. — Pierre Rousselot, libraire, *librarius* (Dép. n° 1044 prov.).

1459, 1479, 1484, mars. — Jean Faure « imprimeur » (Dép.,

liasse 5420 prov., titre versé aujourd'hui à l'hôpital), le même selon toute vraisemblance que Jean *Fabri*, « écrivain de lettres de forme », *scriptor formœ*, calligraphe et enlumineur, 15 septembre 1459, et que Jean Faure, peintre du Château de Limoges, dit l'*Ecrivain*, 12 mai 1484 (Dép. 5354 prov.), et peut-être le même que l'*imprimeur* de 1441.

1461. Etienne Darnac, « peintre » (Hôtel de Ville, GG, 206).

1463. — « Etienne le peintre », probablement le même que le précédent (Dép. St-Martial, Répertoire général, I, 269).

1466. Etienne Lasendon, cartier (Ducourtieux).

1469. — Jean Rivaud, *Rivaldus*, imagier, faiseur d'images (Dép., terrier des Prêtres de St-Michel, 373, et signalé par M. Ardant).

1472-1478. — Eustache Faure, sculpteur. A un acte de 1509, il est parlé de défunt Eustache Faure (Dép., Répertoire général de St-Martial).

1479. — Pierre de Beaunom dit Lobre, cartier, *factor cartarum* (Dép. D. 424, 425).

1479 et 15 avril 1489. — Jean Motet *al.* Molet ou Mollet, cartier, *cartarius, factor curtarum*, et Eustache son fils (Dép., Rép. gén. de St-Martial, II, 164, 165 et D. 425).

1495 v. s^t (1496), 21 janvier. — Jean Berton, imprimeur-libraire (1), fait paraître à cette date un *Breviarium secundum usum ecclesie Lemovicensis* (Bibliothèque nationale, Réserve, vélins, 2854) ; — le 21 août 1500, un *Missale ad usum Lemovicensem* (Brunet, *Manuel du Libraire*, III, 1763) ; — le 20 juin 1505, un *Missale ad usum Lemovicensis ecclesie* (Sulpiciens de Limoges). Il est qualifié de libraire en décembre 1523. Voir ci-dessus. Mort vers 1540 ?

XVe siècle ?... — Bargeas, aurait imprimé à Limoges la vie d'une religieuse morte en odeur de sainteté (Article du *Journal de la Haute-Vienne*, du 8 mai 1806).

1503, 1504. — Martial du Masboucher, « Martial de Masbochier, *factor imaginum* » (Dép. Répert., de St-Martial, et terrier de la Pitancerie, fol. 4 r° et 20 r°).

---

(1) L'origine tourangelle de Berton était mentionnée, s'il faut en croire l'abbé Legros, au fol. 281 recto du Terrier *Parroti* des Prêtres de Saint-Pierre.

1503, 21 mars, 27 août 1512, 13 août 1517. — Guillaume Motet, *al.* Montet, cartier. Le même que Guilhot Motet, cartier (Dép., Rép. gén. de St-Martial, II, 164, 165, et Terrier des Prêtres de St-Michel, 416 et table y jointe).

1503 v. st., 18 mars (1504). — Jacques de la Rue, « quartier » (Dép., Rég. Pitancerie de St-Martial, f. 53 r°).

1503-1504. — Pierre Rampnou, sculpteur (Dép., Reg. Pitancerie de St-Martial, et Ardant).

1504. — Jacques Boysse, relieur (*Essai* de Poyet, p. 38).

1504. — Jean Bachelier, sculpteur (Sign. par M. Ardant).

1504, septembre. — Richard de La Nouaille, libraire, fait imprimer chez les successeurs de Jean Dupré, à Paris, une édition du Bréviaire de Limoges, puis il imprime successivement : en 1509, *Manuale curatorum ad usum Engolismensem* (Bibl. Mazarine, n° 11,872) ; — 12 juin 1514, avec Antoine Blanchard, *Dulces et filiales lacrime illius generosissime atque ut nunc mestissime domine Claudie,* d'Arnaud de Solis (Bibl. nationale) ; — vers 1515, *Antiquitas Carmelitana, anguste continens illustres viros et preclara gesta,* de Pierre de Lille (Bib. nat. Réserve, H, 2,225) ; — 1518, 10 février, *Postilla Evangeliorum et Epistolarum* (Sulpiciens de Limoges) ; — 18 février 1522. *Grammatica Nicolai Perroti, cum textu Judocii Badii* (Archives du Bibliophile, année 1858, p. 143) ; — 1531. *Declaratio in laudem sacerdotalis ordinis,* de Jean Dalesme (Vitrac, dans la *Feuille hebdomadaire* de Limoges de 1776, p. 120).

1514, 12 juin. — Antoine Blanchard, *Cum predicto Richardo* (de La Nouaille) *operans* (Voir plus haut).

1518, 18 mai. — Paul Berton, imprimeur et libraire : *Augustini Dathi, Senensis episcopi, opusculum in Elegantiarum preceptis* (Bibl. d'Auguste Bosvieux, n° 402 du catalogue) ; — (?) 1518, *Guidonis Juvenalis Grammatica* (Brunet, manuel, III, 635, déclare ne pas l'avoir rencontré) ; — (?) 1519, les *Statuta sinodalia* de l'évêque de Limoges, Philippe de Montmorency (Arch. Haute-Vienne) ; — 2 mars 1522, *Breviarium Bituricensis ecclesie* (Bibliothèque nationale, Réserve, B, 453) ; — 1523, un autre Bréviaire de Limoges (Legros, *Mélanges,* I, 565, et Poyet, *Essai,* 26) ; — 1527, un Missel de Limoges (Legros, *Mém.* m^ss des évêques de Limoges, p. 517, et Poyet, 26) ; — 1527, *Sinodale diocesis Albiensis* (Bibliothèque communale d'Albi) ; — 5 août 1529, *Breviarium ad usum ecclesie monasterii Grandimontis* (Sulpiciens de Limoges) ; —… autre Bréviaire signalé par Poyet ; — 28 octobre 1533, *Statuta Sinodalia diocesis Lemovicensis* de Jean de Laugeac (Poyet, p. 28 : à la Bibliothèque nationale) ; — 1538, *Missale eximium secundum usum Lemovicensis ecclesie* (Bibl. nat., Réserve B, 27,917) ; — 17 août 1540, Bréviaire de Limoges (le second) dont il aurait imprimé plus tard une seconde édition (Legros, *Mélanges*, I, 565, et Poyet, *Essai*, 28) ; — (?) 1542, Syntaxe de Despautère (*Annales de la Haute-Vienne*, année 1812, n° 7). N'y aurait-il pas confusion entre ce volume et celui imprimé en 1524 par Claude Garnier (Voir ci-après). Paul Berton est mort avant le 16 février 1558 v. st. (1559). V. ci-dessus.

1520, 1er septembre. — Claude Garnier et Martin Berton, associés, impriment un *Breviarium monasterii Sancti Marcialis (Journal de la Haute-Vienne*, année 1808, n° 19, et fragments en la possession de M. Fray-Fournier).

1520. — Claude Garnier, d'abord associé de Martin Berton, bientôt après seul ; il imprime, en 1522, un *Coutumier du Poitou*, signalé par M. de La Bouralière ; — 1er mars 1525 (cal. de mars 1524), *Missale percelebris ad usum insignis ecclesie Engolismensis* (Bibl. Mazarine, coté : 1103) ; — 24 mai 1524, *Syntaxis Johannis Despauterii… tertio edita* (Signalé par M. de la Bouralière) ; — 4 avril 1528, *Ordinarium devotarum meditationum* (Sulpiciens de Limoges et Bibl. nat., Réserve, D, 67,942) ; — *Recueil de prières et cérémonies à l'usage des Cordeliers*, sans date, à la suite du précédent, à l'exempl. de la Bibliothèque nationale) ; — 19 novembre 1528, *Opus moralitatum preclarissimum fratris Jacobi de Lusanna* (Bibl. nat., Réserve, D, 80,022) ; — 10 février 1553, *Missale percelebris Lemovicensis ecclesie* (appartient à un prêtre de Châteauroux et se trouvait en 1886 entre les mains de M. Pinot, curé de Saint-Michel à Limoges) ; — avril 1555-57, *Breviarium ad usum ecclesiæ Lemovicensis* (Bibliothèque communale de Limoges).

1521. — Jean Boutaud, libraire (Poyet).

Avant 1529. — Elie Bonnot, libraire (Dép., Répertoire général de Saint-Martial, I, 275.)

1531. — Jacques Bouchet, imprimeur libraire, associé de Marnef de Poitiers, est mentionné, par erreur sans doute, comme ayant habité Limoges, par un article des *Annales de la Haute-Vienne* de 1812, n° 7, p. 29.

Avant 1532. — Jean Poyllevé, cartier ou libraire (Ducourtieux).

1537, 21 avril. — Léonard et Guillaume de La Nouaille, imprimeurs associés, publient le *Missale secundum usum ecclesie cathedralis protomartyris et archilevite Stephani* (Bibl. communale de Limoges).

1537. — Jean Reverdi, dit Roy, peintre ; dit *défunt* à un acte de 1554 (Hôpital, B, 63 et *passim*).

1537. — Guillaume de La Nouaille, d'abord associé à son frère Léonard, publie seul : vers 1540, *Loci communes sacri et profani*, de Michel Berland, sans date ni nom d'imprimeur (*Feuille hebdomadaire de Limoges* de 1777) ; — en 1544, une églogue d'Ausone, avec commentaire de Jean Delage, principal du collège de Limoges (Cabinet de M. de Lépine, à Limoges, d'après Legros, *Journal de la Haute-Vienne* 1808) ; — 1546. *Appendix ad Commentarios in consuetudines Burdigalensium, auctore Arnaldo Ferrono* (Catal. Bosvieux) ; — 1er février 1550. *Breviarium secundum usum ecclesie Lemovicensis* (Bibl. des Sulpiciens de Limoges) ; — 1553, une édition de Térence ; — 1554, *Ludovici viri linguæ latinæ exercitatio* (Signalé par M. Lingaud : Poyet, p. 36) ; — 1558, *Testamenti novi editio vulgata* (Bibl. de M. René Fage, à Limoges) ; — s. d., *L'exercice pour jeunes gens, lesquels veulent parvenir au bien et perfection de leur estat* (Bibl. des Sulpiciens de Limoges) ; — s. d., *Petite instruction de maniere de vivre pour une femme seculiere* (Catal. de la Bibliothèque de feu l'abbé Texier) ; — 1559, *Heures Nostre-Dame, a l'usaige de Limoges*, sans lieu ni nom (Catalogue Texier). A la suite se trouve une « instruction de manière de vivre pour une femme seculiere etc. » portant cet avis : « On les vend a Lymoges par Guillaume de La Nouaille ».

1538, 15 mars (ou mai). — Martial Gay, cartier. (Dép., table d'un terrier de St-Michel).

1539. — Claude Cheyrou ou Cheyron, libraire (Extraits des reg. du Chapitre).

1542-1545. — Jean du Masboucher, « imaginier, faiseur d'images » (Dép. : Prêtres de St-Pierre, Terrier de Bony, fol. 99 v° et St-Martial, Rép^re G^al, *passim*).

1542, 19 août. — Jean Lysee, « libraire de Limoges » (Dép., St-Martial, liasse 2306).

1546, 19 janvier. — Jean Court, dit Vigier Court, peintre (Dép., Rep^ro G^al de St-Martial, I, 214).

1551, 14 avril. — Advisé, libraire ou colporteur, paraît avoir résidé au moins temporairement à Limoges ou aux environs. (Arch. Parlement de Bordeaux). V. ce qui est dit sur Paul Berton, à la notice ci-dessus.

1551. — Mathurin Olivier, imprimeur (Dép., Résidus de divers fonds).

1551-1575. — Pierre Raymond, peintre (Hôtel de Ville ; Reg. de la Confrérie du St-Sacrement de St-Pierre, GG. 204).

1551-1583. — Jean d'Angoulême, libraire ou relieur (*Ibid*). C'est le même sans nul doute, que « Jean Lisée (?) dit d'Engoulesme, libraire », qui le 26 octobre 1595, est nommé comme ancien propriétaire d'une maison « rue de la Motte » (Arch. dép., Lième de St-Michel, n° 5426, p. 7) ; mais faut-il l'identifier avec Jean Lysée libraire, qui vit en 1542 ?

1559-1563 (?) Charles de La Nouaille, imprimeur.

1555. — Laurent du Breuilh, *al.* Dubreuil, dit *Feminas* ou *Fourinas*, peintre (Hôpital, B. 110 et D. 4).

1558 v. st. (1559). 16 février. — Bartholomé Berton « maître imprimeur, habitant de Limoges », fils de Paul. (Dép., Prêtres de St-Pierre, liasse n° 3,883, provis.).

1565, 16 juillet. — Hilaire Lemoyne, libraire (*Journal de la Haute-Vienne*, année 1808, p. 218, et *Table Chronologique civile* de Legros, p. 336). On le trouve qualifié d'imprimeur à plusieurs passages du registre GG 201 des Arch. de l'Hôtel de Ville, antérieur à 1609.

1566 ou 67. — Hugues Barbou, imprimeur, natif de Lyon, vient se fixer à Limoges, épouse en 1568 la veuve de Charles de La Nouaille, meurt en 1603 (Voir, pour les ouvrages sortis de ses presses, la notice de M. Paul Ducourtieux sur les *Barbou*).

1572-73-77. — « Maistre Antoine le painctre » (Hôtel de ville, Reg. St-Sacrement).

1576. — Léonard Limosin, peintre *(Ibid)*.

XVIe s. — Pierre Deschamps, sculpteur (Dépt. Reg. de St Martial).

1579. — Martial Courtey, peintre (Hôtel de ville, Reg. St-Sacrement.

1581-1589. — Jean Le Moyne « maître libraire » Arch. nationales, KK 1,212). M. Chapoulaud en fait un imprimeur.

1586-88-99. — Pierre Le Moyne, désigné comme imprimeur et comme libraire. Il est appelé, en 1599, « Peyrot l'imprimeur » (Dép., Prêtres de St-Pierre, reg. Pabot, fol. 24).

1588. — Jean Duboys, imprimeur *(Journal de la Haute-Vienne*, 1808, et Poyet).

1588. — Léonard de La Geneste, maître cartier (Chartrier de Nexon, note de M. Champeval).

1588. — Jean Boulhon, libraire (Poyet, p. 40).

1588. — Arnaud Dupré, *al.* Uzance, parcheminier (Hôpital, B. 166).

1588. — Michel, cartier (Ducourtieux).

1589. — Jacques Genesy (peut-être Genesty), libraire (Archives nationales, KK. 1,212).

1591. — Barthélemy Moriceau, « imprimeur ordinaire de la ville de Limoges », y publie le *Traité du Sainct-Sacrifice et Sacrement du corps et sang de Jésus-Christ*, par Louis Gendron (Bibl. de M. G. Tandeau de Marsac, au château de Brignac).

1592, 11 mai. — Jean Guibert, écrivain, — « maistre escrivain en 1607, — escrivain et painctre », en 1609 et 1610 (Livre de raison de Martial de Gay, au chartrier de Nexon ; Dép., fonds de la Règle ; Bibl. communale de Limoges : Croquis sur un livre de Sébastien Serlio).

1594, 18 décembre. — Michel Nyvet *al.* Le Moyne, libraire, fils de Pierre Le Moyne, est dit maître imprimeur les 9 et 29 octobre 1597, libraire et imprimeur en 1601 (Dép., Prêtres de St-Michel. p. 87 et *passim* ; Hôtel de ville, BB. 1, etc).

1596-97. « Maître Georges, italien », peintre (Livre de raison de Martial de Gay).